安徽省高水平高职教材

高职高专院校学生就业指导与创新创业教程

主　编　尹维红　金　鑫
副主编　戎媛媛　苏　曼
参　编　薛　海　叶树斌　李　琦
　　　　韦永强　葛士强　卢梦慈

中国科学技术大学出版社

内 容 简 介

本书针对高职高专院校学生的特点和接受能力,在收集和整理大量资料和案例的基础上,结合编者多年的教学经验编写而成。本书主要内容包括:大学生就业形势与政策、就业准备、面试指导、职场适应与职业发展、大学生创新创业能力培养、大学生创业准备、大学生创业实施、就业创业相关法律法规等8个方面,对大学生就业创业面临的问题和相关对策进行了详细解读。

本书可作为高职高专院校学生就业指导用书。

图书在版编目(CIP)数据

高职高专院校学生就业指导与创新创业教程/尹维红,金鑫主编. —合肥:中国科学技术大学出版社,2021.8
ISBN 978-7-312-04050-4

Ⅰ.高… Ⅱ.①尹… ②金… Ⅲ.①大学生—职业选择—高等职业教育—教材 ② 大学生—创业—高等职业教育—教材 Ⅳ.G717.38

中国版本图书馆 CIP 数据核字(2021)第 063306 号

高职高专院校学生就业指导与创新创业教程
GAOZHI GAOZHUAN YUANXIAO XUESHENG JIUYE ZHIDAO YU CHUANGXIN CHUANGYE JIAOCHENG

出版	中国科学技术大学出版社
	安徽省合肥市金寨路96号,230026
	http://press.ustc.edu.cn
	https://zgkxjsdxcbs.tmall.com
印刷	合肥市宏基印刷有限公司
发行	中国科学技术大学出版社
经销	全国新华书店
开本	787 mm×1092 mm 1/16
印张	12.5
字数	249 千
版次	2021年8月第1版
印次	2021年8月第1次印刷
定价	40.00 元

前　　言

目前市场上针对高职高专院校学生的就业指导与创新创业类教材较少，几乎是本、专科教学通用，但实际上，本、专科学生无论是其接受能力还是创新创业能力都存在一定的差异，基于此，我们组织了一批长期在高职高专院校从事就业和创新创业教育工作的专家和老师，针对高职高专院校学生在就业、创新创业过程中遇到的问题，结合他们的自身特点，编写了本书。本书具有以下四个特点：

1. 实用性。本书的内容大多是编者在高职高专就业、创新创业教育一线积累的资料和教案基础上写成的，书中所选择的创新创业案例符合高职高专院校学生的特点。通过对案例的判断、分析，能够培养学生获取新知识的能力和分析、解决问题的能力，对其就业、创新创业具有借鉴意义。

2. 系统性。本书共八章，以高职高专院校学生的就业形势与政策为切入点，针对毕业生就业、面试、创业中的问题，并结合相关案例，介绍了创业实施、就业创业相关法律法规。此外，还分析了高职高专院校学生创业失败的原因及其对策，并对就业、创新创业者进行法律意识教育。本书各章节之间相互联系，逻辑性强。本书每章开始都设有案例，章末配有习题训练。

3. 科学性。本书在内容的设计上，由浅入深、由易到难，结合实际案例，介绍就业、创新创业所需的理论知识，旨在全面提升高职高专院校学生的实际应用能力。本书在编写过程中，尽量避免市场上同类教材偏理论叙述的问题，重点突出高职高专人才培养的特征。本书结构完整、内容充实、案例针对性强，有助于培养高职高专院校学生就业与创新创业意识，提升其创业能力。

4. 独特性。目前市场上的同类教材中几乎没有涉及创业失败对策和就业创业者法律意识的相关内容。《2017年中国大学生就业报告》显示,2011年大学生毕业就创业的人数占总毕业人数的1.6%,2015年为3%。然而,创业3年后,有超过半数的人宣告创业失败。即便是在创业环境较好的省份,如浙江省,大学生创业成功率也只有5%左右。因此,对众多的大学生创业者,特别是高职高专院校学生进行正确面对创业成功与失败的教育以及创业法治教育十分必要。

本书由尹维红、金鑫任主编,戎媛媛、苏曼任副主编。其中,第一章和第五章由苏曼编写,第二、三章由韦永强编写,第四章和第八章由金鑫编写,第六章(该章第三节的内容分别由金鑫和叶树斌编写)、第七章由戎媛媛编写。全书框架结构由尹维红、金鑫拟定,统稿工作由金鑫、戎媛媛完成。

本书在编写过程中参考了许多同类书籍及相关网络资料,在此表示衷心的感谢!由于编写人员的能力和知识水平有限,书中难免存在疏漏之处,恳请广大师生和读者批评指正。

编　者

2020年12月

目　　录

前言 ……………………………………………………………………………（ⅰ）

第一章　大学生就业形势与政策 …………………………………………（1）
　　第一节　就业概述 ……………………………………………………（2）
　　第二节　就业形势 ……………………………………………………（8）
　　第三节　我国大学生相关就业政策 …………………………………（18）

第二章　就业准备 …………………………………………………………（25）
　　第一节　就业信息的收集 ……………………………………………（25）
　　第二节　求职材料的准备 ……………………………………………（38）
　　第三节　就业心理准备 ………………………………………………（51）

第三章　面试指导 …………………………………………………………（75）
　　第一节　面试的程序和类型 …………………………………………（76）
　　第二节　面试礼仪和内容 ……………………………………………（79）
　　第三节　面试方法与技巧 ……………………………………………（83）

第四章　职场适应与职业发展 ……………………………………………（86）
　　第一节　转变角色　认知职场 ………………………………………（87）
　　第二节　调整心态　适应职场 ………………………………………（92）
　　第三节　提升自我　职场发展 ………………………………………（96）

第五章　大学生创新创业能力培养 ………………………………………（105）
　　第一节　大学生创新创业概述 ………………………………………（106）
　　第二节　大学生创新创业能力培养 …………………………………（109）
　　第三节　高职高专院校学生创新创业能力培养策略 ………………（111）

第六章　大学生创业准备 (116)
第一节　激发创业动机 (117)
第二节　发现创业机会 (127)
第三节　创业相关知识 (141)

第七章　大学生创业实施 (147)
第一节　制订创业计划 (147)
第二节　创办企业 (152)
第三节　运营初创企业 (161)

第八章　就业创业相关法律法规 (169)
第一节　就业创业过程权益与义务 (169)
第二节　就业创业权利法律保障 (176)
第三节　就业创业权益法律维护 (183)

参考文献 (191)

第一章　大学生就业形势与政策

案例 1-1

"啃老儿被赶出家门"背后当反思

29岁的徐青高职毕业后一直闲在家里,面对父母的劝说,他称父母有义务养自己。最近,被啃老长达7年的徐先生和朱女士夫妇将儿子诉至法院,并申请强制执行将独生子赶出家门。徐青父母对徐青从小溺爱,大学毕业后,徐青说找工作难,徐父便把儿子安排到同学的公司。工作了3个月,徐青说工作没意思,干脆辞职不干了。尽管帮儿子联系过几个工作单位,但徐青总推说没意思、不想干。他一直闲在家里,睡觉、上网、向父母要钱花。2013年,徐青在网上认识了一名女网友,他把女网友带到家里长期同居。徐先生和朱女士从教导儿子到开始斥责,最后双方竟然升级到大打出手。徐青仍振振有词地说:"没工作也有权利恋爱……作为父母,你们有义务养我。"无奈,徐先生和朱女士将徐青诉至法院,要求其限期腾房。法院审理后判令徐青在判决生效后60日内搬出徐先生和朱女士夫妇的房子。没想到判决生效后,徐青仍拒不履行。于是,徐先生和朱女士向法院申请了强制执行。

点评:近年来,就业问题,尤其是大学生的就业问题已经引起社会的广泛关注和重视。就业更是大学生从进入大学就一直关注的话题。何为"就业"?大学生就业的方式和途径又有哪些?就业对于大学生的人生及社会意味着什么?如何才能把在学校所学的专业知识转化为就业的能力?在就业之前需要提升哪些能力和素质?这些问题都是大学生比较关心的问题。本书旨在帮助大学生正确认识就业问题,树立正确的就业观,积极主动地寻求就业创业的机会,提升就业能力,把所学的专业知识和技能应用于实际工作,成功地实现由学生向社会人的身份转变,实现人生的价值,为社会做出应有的贡献。

(资料来源:宣讲家独家案例."啃老儿被赶出家门"背后当反思[EB/OL].(2014-08-13). http://www.71.cn/2014/0813/778012.shtml.)

第一节 就 业 概 述

一、就业的概念

就业,又称劳动就业,是指在法定年龄内具有劳动能力的劳动者参加某种有报酬或收入的社会经济文化活动的状态。就业是一种生活状态,即处于受雇用或自我雇用、从事有收入的工作状态,它是与失业、没有能力就业的状态相对而言的。所谓劳动者,是指达到法定年龄,具有劳动能力,以从事某种社会劳动获得收入为主要生活来源,依据法律或合同的规定,在用人单位的管理下从事劳动并获取劳动报酬的自然人。

从社会学的视角来看,对就业的理解包括以下三个方面:① 参加劳动的人既要在法定年龄内,还要有劳动能力和劳动意愿;② 参加的劳动必须是某种形式的社会劳动,而不是家庭劳动;③ 参加的劳动必须是有报酬或收入的劳动,而不是公益劳动或义务劳动。就学科来说,就业是一个经济学概念。从经济学的观点来说,就业的实质是劳动者为谋取生活资料而从事与生产资料结合的社会劳动。生产资料,又称生产手段,是企业进行生产和扩大再生产的物质要素,包括劳动资料和劳动对象,其中最重要的是劳动资料中的生产工具。因为就业水平受到社会生产方式和科技状况的制约,所以,凡是影响劳动力供给和生产资料供给的因素都是影响就业水平的因素。

二、就业的意义

案例 1-2

郑州高新区的化工路环卫班,50 名环卫工中有 30 多人都是城中村拆迁户,获得的拆迁安置房产价值过千万。环卫工张秀玲、秦家顺身家 5000 多万元,但是,即便如此"土豪",他们还起早贪黑地干着环卫工作。60 岁的张秀玲说出了自己的看法:"活人,活人!活着就是干活!遛圈打麻将不习惯,干环卫虽然累点,但心里踏实!"家住高新区秦庄的秦家顺被问及为何已经拥有这么多的家产,还要吃这份苦时,他笑了笑说:"钱和工作是两码事,干这个活干久了,离不开。"

(资料来源:观察者网.50人的环卫队30多人为拆迁户身家千万[EB/OL].(2017-01-19). https://www.guancha.cn/society/2017_01_19_390134.shtml.)

"人为了什么而工作?"这是一个人的价值观选择问题。工作愉快的关键在于:一个人对公司的文化理念、价值观等比较认同,从工作中获得愉悦感,压力程度就会减轻。将自己价值观的核心内容与工作融为一体,就会产生一种理想追求,这种理想追求会赋予个人神圣感和使命感,并鼓舞个人为之奋斗。人们常常只从经济效益和工资收入的角度来考虑就业问题,这是不科学的。一个社会的就业问题解决得好坏与否,涉及社会的方方面面,其影响极为广泛而深远。就业问题是一个事关社会公正的问题,是一个十分现实的社会问题,是一个事关社会安全运行和健康发展的问题。对于中国社会来说,就业问题更是一个十分迫切亟须解决的问题。随着中国现代化进程和市场经济进程的逐渐深入,这一问题的重要性日益凸显。因此,我们不能仅仅从经济意义上来考虑就业的效应,更应当从社会意义的角度考虑就业问题。

(一)就业的社会意义

1. 就业是个体立足社会所不可缺少的必要条件

人类是群居生活的物种,个人的生存离不了社会群体生活。就业就是个体进入社会群体生活的主要途径和前提条件。单一、狭小、封闭的社会群体生活会对个体的社会生活环境带来不利影响。社会分工是影响社会群体生活的一个十分重要的因素。随着社会的发展、科技的进步,社会分工体系越来越复杂和精细化,社会分工对于社会生活的影响也日益增强。就一般情况来说,每一个适龄的劳动者在这个分工体系中都需要有一个对应的位置,每一个适龄的劳动者都通过特定的职业、特定的工作获得正常的社会群体生活,从而进入正常的社会生活环境。拥有一份工作是个体进入社会生活环境的一个必要条件。

2. 就业为个体及其家人提供所需的基本生活资料

就业所获收入是就业者及其家庭成员基本生活费用的主要来源。对于绝大多数社会成员来说,拥有一份稳定的工作,也就意味着会有一份比较稳定的收入,从而使自己及家人的物质生活有了基本的保障。如果一个国家社会经济发展良好,但若存在相对普遍的贫困现象和严重的贫富分化问题,则可能意味着这个国家有着较高的失业率。若失业率较高,则会造成严重的社会问题,导致贫困人口继续增多,甚至会影响公共安全。因此,就业是解决贫困问题和缩小贫富差距的有效途径之一。

3. 就业会促进劳动者自身的发展

当劳动者解决了生存问题之后,就会产生新的、更高的需求。其中个人的发展是面临的首要问题。就业对于劳动者的个人发展具有促进作用,主要表现在如下几点:

第一,就业可促进劳动者职业能力的不断提高。现在的社会发展速度很快,产业升级和知识更迭的速度也在不断加快,一些职业会很快消失,新的职业也会很快出现,所以,每个人都必须不断地调整自己以适应社会,不断地学习新的知识的和职业技能。

第二,就业有利于劳动者继续社会化以及再社会化。社会是在不断发展变化的,生产方式、生活方式、价值观念、行为规范以及社会制度等都在不断地发展变化,尤其是在社会经济的快速转型期,这种发展变化的幅度更为明显。于是,对于社会成员来说就产生了一个继续社会化和再社会化的问题,人们只有以职业的具体要求为基本平台和依托,才能适应时代的发展和社会的需要。

第三,就业有助于人的全面发展。当社会成员对他从事的职业产生了兴趣,其个性化的发展便成为一种可能,为个人的全面发展准备了前提条件。

(二)高职高专院校学生的就业优势

1. 心态好,工作踏实

现如今高职高专院校的毕业生越来越受用人单位欢迎,主要是因为他们的心态很好,对待工作不挑三拣四,在工作中兢兢业业。另外,他们更能服从用人单位的安排,这是高职高专院校学生在就业时更受欢迎的关键原因。

2. 拥有一技之长

大多数高职高专院校学生在校除了学习必要的理论知识外,更加重视对专业技能的学习。因此,当他们走上工作岗位后,很快就能上手,进入工作状态的速度快。

3. 起步薪资要求低

相对于本科及以上学历的毕业生来说,高职高专院校毕业生对起步薪资的要求较低,用人单位的人力成本相对减少,性价比高。因此,对用人单位和就业市场来说,高职高专院校的毕业生的竞争力越来越强大。

(三)高职高专院校学生就业的意义

高职高专院校毕业生是国家宝贵的人才资源,生产一线是院校毕业生成长成才的重要平台。当前,我国城乡之间、地区之间人才分布不均衡,广大基层特别是西部地区、艰苦边远地区和艰苦行业以及农村人才匮乏,已经成为制约当地经济社会发展的重要因素。高职高专院校学生思想活跃、敢想敢干、社会适应性好、创造性较强。他们工作不怕苦,不挑剔,期望值低。同时,他们有知识、懂技术、善创新。因此,积极引导和鼓励高职高专院校毕业生到中小企业、到基层、到西部、到祖国最需要的地方工作,有利于加快消除城乡差别和区域差别,促进我国经济社会协调发展。

解决好高职高专院校学生就业,储备高技能应用型人才,是我国下一步整体发展战略。让广大高职高专院校学生顺利就业,可为中小企业提供技术人才,有利于提升基层工作人员素质,有利于社会和谐稳定,更有利于实现经济转型和民族复兴。

三、大学生就业相关的基本概念

作为即将走向社会,面临择业和就业的大学生,非常有必要了解与毕业生就业有关的一些概念。

(一)毕业、结业与肄业

1. 毕业

毕业是指拥有学校正式学籍的学生,在规定的学习年限内,完成学校培养方案中的全部课程,考试合格且拿到规定的学分后,学校准予毕业,并发放毕业证。

2. 结业

有以下两种情况之一的学生,学校发放结业证书:

(1)在规定的学习年限内,完成学校培养方案中的全部课程,但是有一门或以上的课程不及格,导致没有修满规定的学分,予以发放结业证书。取得结业证书的学生,一般可以在结业1年内向学校申请补考,及格者换发毕业证书。

(2)达到所在专业培养方案要求,但受到留校察看处分尚未解除的。

3. 肄业

肄业是指具有正式学籍的学生未完成培养方案规定的课程而中途退学(被开除学籍者除外)的情况。肄业生由学校发放肄业证书和学历证明。

(二)统分、委培与定向

1. 统分

统分又称统招统分,通过全国普通高等学校招生考试并按照国家制定的高考招生办法规定的章程制定的分数标准统一录取的大学生和通过全国研究生入学考试并按照国家分数线统一录取的研究生,具备统分资格。

2. 委培

委培即委托培养,某个单位委托另一个单位对人员进行定向培养,满足对此类专业人才的需求,毕业时按照委托培养协议执行就业政策。

3. 定向

定向即定向就业,定向就业招生是为了帮助边远地区、少数民族地区和工作环境比较艰苦的行业和特殊岗位培养人才,保证他们得到一定数量的毕业生而制定的一项政策。培养方式为定向的高校毕业生要严格按照定向协议就业。

(三)人事代理制度

人事代理制度是指各级政府人事行政部门下属的人才流动服务机构依据国家有关的政策法规,接受用人单位或个人委托,对其人事业务实行集中、规范、统一的社会化管理和系列服务的一种人事管理制度。对各类用人单位,尤其是无人事主管权的非国有企业和改制中的国有企业、事业单位而言,人事代理制度解除了其接收人员的后顾之忧,令其从具体琐碎的人事管理事务中解脱出来,并减少了人事机构设置和人员开支。

(四)"五险一金"

"五险"是指养老保险、医疗保险、失业保险、工伤保险和生育保险;"一金"指的就是住房公积金。其中养老保险、医疗保险、失业保险是由企业和个人共同缴纳的,而工伤保险和生育保险完全由企业承担,个人不需要缴纳。这里要注意的是,"五险"是法定的,企业必须为劳动者购买,目前,国家对"一金"未作强制要求。

(五)就业推荐表

就业推荐表是经过学校相关部门审核盖章的用于毕业生就业的正式推荐材料,包含毕业生本人的基本信息,用于各地人事主管部门接收毕业生落户审批,具有一定的权威性。就业推荐表每人只有一份,待填写完整后可保留复印件。

(六)就业协议

就业协议,俗称"三方协议",由教育部统一制定。该协议书一式三份,毕业生、用人单位和学校三方各持一份。毕业生与用人单位达成就业意向后签署三方协议,学校据此对毕业生进行派遣。

（七）试用期、见习期与服务期

1. 试用期

试用期是用人单位与毕业生在劳动合同中约定的相互适应的时间阶段。试用期的开始也是劳动关系的开始，试用人员在试用期间，应该与用人单位本着平等自愿、协商一致的原则签订合同、加以约定。

2. 见习期

见习期是用人单位有计划地安排毕业生到基层单位或生产业务第一线锻炼。毕业生可以通过生产和工作实践了解所在单位的情况，熟悉和适应工作的需要，初步掌握用人单位的概况，便于毕业生对用人单位主要岗位进行初步的了解，有利于今后的职业方向的确定。

3. 服务期

在劳动期间内，用人单位对劳动者进行了培训或进修等投资（通常是实际的金钱支出），为避免对劳动者培训后突然离职影响用人单位的利益，往往要求劳动者签订培训协议（或其他），注明服务期时间，若中间离职，则需赔付违约金等。

（八）派遣

派遣是指用人单位接收毕业生户口档案关系并签署就业协议，学校在学生毕业时直接将毕业生的户口和档案转至用人单位的一种形式，即"一次性就业"。派遣直接与"签就业协议"的就业形式相对应，即对签署就业协议的毕业生采用派遣方式，毕业时发放报到证和户口迁移证，将其户口和档案转至用人单位。

（九）报到证

报到证原称"派遣证"，全称是《普通高等学校毕业生就业报到证》，由教育部印制，分上下两联，上联交毕业生本人报到使用，下联由学校装入毕业生档案。报到证是毕业生转移人事档案关系和户口关系的凭证。报到证的用途主要包括：① 是教育主管部门正式派遣毕业生的凭证；② 是毕业生到用人单位报到的凭证；③ 是用人单位接收毕业生的重要证明；④ 是任何一个合法的人才中心、档案管理机构接收毕业生档案的证明；⑤ 是用人单位给毕业生落户、接管档案的重要凭证。

（十）灵活就业

若用人单位不能为毕业生解决户口和档案问题，则无需签订"三方协议"，但毕业生可以以灵活就业的形式到用人单位就业。灵活就业包括签订劳动合同、单位用人证明、自主创业等形式。

第二节 就业形势

就业是最大的民生,也是经济发展的重中之重。当前,我国就业形势保持总体稳定,但经济运行稳中有变,经济下行压力有所加大,应高度重视其对就业的影响。

一、我国整体就业形势

我国是世界上人口最多的国家,劳动年龄人口基数大,国民教育水平参差不齐,整体水平不高,在当前及今后若干年内,就业问题都将持续存在。就业问题关乎国计民生和社会的稳定与发展,解决就业问题任重而道远,同时又迫在眉睫。

"十二五"以来,面对复杂严峻的国内外形势,党中央、国务院准确把握发展大势,不断创新宏观调控思路和方式,全面深化改革,激发了经济发展内生动力和就业创业活力,就业规模不断扩大、结构持续优化,创业带动就业的能力显著增强,劳动者素质明显提高,就业质量进一步提升。

"十三五"时期,促进就业的机遇和挑战并存。一方面,我国仍处于可以大有作为的重要战略机遇期,新型工业化、信息化、城镇化、农业现代化孕育着巨大的发展潜力,新一轮科技革命和产业变革正在兴起,新兴产业、新兴业态吸纳就业能力不断增强,大众创业、万众创新催生更多新的就业增长点,为促进就业奠定了更加坚实的物质基础。另一方面,国际经济形势依然复杂多变,国内一些长期积累的深层次矛盾逐步显现,经济发展新常态和供给侧结构性改革对促进就业提出了新要求,劳动者的素质结构与经济社会发展需求不相适应、结构性就业矛盾突出等问题凸显。具体表现在如下几方面:

(一)就业规模持续扩大,失业率保持在较低水平

"十二五"时期,我国经济增速有所放缓,转型升级、结构调整力度进一步加大。就业领域也存在着技术人才、一线普工双短缺和部分劳动者就业难并存的结构性矛盾,并且从2012年开始,劳动年龄人口出现连续减少。在这样一个大背景下,我国的就业规模不断扩大,就业质量有所提升,就业局势保持总体稳定,就业创业的成效十分显著。就业数量持续增加,城镇新增就业稳步增长,2011~2015年上半年,城镇新增就业5837万人,不仅超额完成"十二五"目标任务,并且相当于整个

"十一五"时期总量。城乡就业规模持续扩大,2010~2014年,我国城乡就业人数从76105万人增加到77253万人,年均增加287万人。其中城镇就业人数从34687万人增加到39310万人,年均增加1156万人。人社部公布的数据最新数据显示,2016~2019年,我国城镇新增就业人数连续保持在1300万人以上。2020年1~8月,全国城镇新增就业781万人,达到全年目标的87%。这意味着,"十三五"期间,我国城镇新增就业已累计超过6000万人。

(二)就业的结构性矛盾依然突出

在就业规模不断扩大的同时,就业结构在逐步优化。2010~2014年,第一产业就业人数从27931万人减少到22900万人,年均减少1258万人;第二产业就业人数从21842万人增加到23099万人,年均增加314万人;第三产业就业人数从26332万人增加到31364万人,年均增加1258万人;"三产"已成为就业人数最多的产业。其中第三产业从业人员就业占比从2015年的42.4%上升到2019年的47.4%,近5年来呈持续上升趋势,成为吸纳就业的主力。但是随着技术进步加快和产业优化升级,技能人才短缺问题将更加凸显;部分地区的企业用工需求与劳动力供给之间存在结构性失衡,造成企业招工难与劳动者就业难并存;以高校毕业生为重点的青年就业、农村富余劳动力转移就业、失业人员再就业和就业困难群体实现就业难度依然很大。

(三)创业带动就业效应进一步发挥

创业型就业打破了传统的就业模式,形成了一人带动一批岗位的就业模式。创业之所以可以带动就业主要是因为大部分创业企业的门槛较低,创设成本较小,具有较强的普适性,简单来讲,就是符合各种群体的劳动者。从企业的规模出发,一般情况下,中小型企业属于创业型企业的起点,针对小规模的企业的就业吸纳能力要远远大于大规模企业。结合我国实际情况来讲,目前我国大部分中小型企业吸纳的员工,75%以上都是城镇就业人口,在中小型企业集中的区域,吸纳就业人口数占该区域总就业人口的80%。近几年,通过劳动保障部门的创业培训实践,可以分析出我国的经济结构:1名职工创业可以带动5个职位实现就业。根据调查显示,1名成功的私营企业,可以吸纳45名劳动就业者;1名个体工商户,可以为2个人提供就业岗位。结合地区经济发展来讲,在创业活动较为活跃的地区,其存在的失业问题相对较少。

(四)高校毕业生等重点群体就业保持平稳,公共就业服务不断加强

中商产业研究院数据显示:2010~2017年我国毕业生人数按照2%~5%的同

比增长率逐年增长,近7年间累计高校毕业生人数达到5706万人。2018年全国高校毕业生首次突破了800万人,2019年全国普通高校毕业生达834万人,再创新高,就业创业工作面临复杂严峻的形势。但我国经济运行总体平稳,对高校毕业生需求总体稳定,创业环境不断优化。根据人社部的相关数据,近几年,高校毕业生7月1日的初次就业率都稳定在70%以上,年底总体就业率都保持在90%以上。同时,2018年人力资源服务业快速健康发展,为用人单位和求职者提供了高效优质的人力资源服务,为经济高质量发展提供了有力的人力资源服务支撑。经对全国公共人力资源服务机构和经营性人力资源服务机构进行统计,截至2018年年底,全国共有各类人力资源服务机构3.57万家,同比增长18.37%;行业从业人员64.14万人,同比增长9.89%;全年营业总收入1.77万亿元,同比增长22.69%;各类人力资源服务机构共设立固定招聘(交流)场所3.19万个,同比增长48.51%;建立人力资源市场网站1.33万个,同比增长10.61%。2018年,全国各类人力资源服务机构举办现场招聘会(交流会)23.48万场,同比增长5.29%;现场招聘会提供岗位招聘信息1.14亿条,同比增长9.37%;各类人力资源服务机构通过网络发布岗位招聘信息3.60亿条,同比增长16.84%;通过网络发布求职信息7.29亿条,同比增长16.29%。

就业工作必将面临更多的挑战和压力。我国就业和社会保障事业的稳步发展,不仅有效地保障和改善民生,使人民群众从国家的发展进步中享受到更多的物质文明成果,同时也对改革发展稳定大局发挥了积极作用。受益于经济的高质量发展,改革创新红利的释放以及稳就业政策的加力加效,就业形势将继续保持总体稳定。但就业总量压力依然存在,就业结构性矛盾更加凸显,新的影响因素还在增多,"新冠"疫情对整个世界的发展都带来了巨大的冲击,就业首当其冲受到影响,中国也不例外。中美之间的贸易摩擦也给就业形势带来了很多不确定的因素。

二、我国大学生就业形势

案例 1-3

2019年6月10日,麦可思研究院在北京梅地亚中心举行"2019年中国大学生就业报告(就业蓝皮书)发布暨研讨会"。

报告显示,2018届大学毕业生的就业率为91.5%。其中,本科毕业生就业率(91.0%)持续缓慢下降,较2014届(92.6%)下降1.6个百分点;高职高专院校毕业生就业率为92.0%,较2014届(91.5%)上升0.5个百分点。

2018届本科毕业生"受雇工作"的比例为73.6%,连续5年持续下降;"自主创业"的比例(1.8%)较 2014 届(2.0%)略有下降;"正在读研"(16.8%)及"准备考研"(3.3%)的比例较 2014 届分别增长 3.2 个百分点和 1.4 个百分点。

2018 届高职高专院校毕业生"受雇工作"的比例为 82.0%,较 2014 届下降 1.5 个百分点;"自主创业"的比例(3.6%)较 2014 届(3.8%)略有下降;"读本科"的比例(6.3%)连续五年上升,较 2014 届增长 2.1 个百分点。

(资料来源:多知网.麦可思发布《2019 年就业蓝皮书》,2018 届大学生就业率 91.5%[EB/OL].(2019-06-10).http://www.duozhi.com/adult/201906108850.shtml.)

上述材料介绍了目前我国大学生群体的整体就业形势。由于知识经济、全球化趋势和信息化社会的迅猛发展,大学生就业率已成为判断社会经济发展的一项重要指标。我国正处于经济、政治、教育体制深入改革阶段,经济结构的调整和经济增长方式的改变,对人才发展提出了新要求。人才培养模式的变化、毕业生人数的增加以及大学生就业观念相对滞后的一系列问题的存在,导致当前我国大学生就业状况依然面临很大的压力。

我国目前正处于经济转型升级的战略机遇期,新经济、新业态、新产业的发展为高校毕业生提供了多元化的就业机会,毕业生人数虽然持续处于高位,但就业形势总体平稳。我国政府出台了一系列促进高校毕业生就业创业的政策法规和服务措施,保障了毕业生平稳有序就业。但高校毕业生还面临着一些挑战,结构性就业矛盾显现,就业质量有待进一步提高,待就业群体需要密切关注,部分地区就业形势更加严峻。我国大学生就业形势呈现如下特点:

(一)大学生总体就业率平稳

本科毕业生就业率持续缓慢下降,高职高专院校毕业生就业率稳中有升。据调查数据显示,近两届高职高专院校毕业生就业率高于同届本科毕业生。同时,由于用人单位对毕业生的要求进一步提高以及毕业生出于自身发展的需要,大学毕业生选择继续深造的比例逐年攀升。2018 届本科生正在读研和准备考研的学生比例达 20.1%,较 2014 届毕业生提高了 4.6 个百分点,高职高专院校毕业生专升本的比例也在逐年上升,这在一定程度上分流了就业的压力,减少了待就业毕业生的人数。

(二)不同专业毕业生就业情况不同

近两年工学学科和管理学学科表现出明显的就业优势,而文科类毕业生相对来说就业形势则更加严峻。2018 届本科毕业生就业率排前三位的专业是软件工程、能源与动力工程和工程管理,就业率都达到 95.5%以上;而历史、法学、音乐等专业就业率较低,就业率、薪资和就业满意度都较低,成为所谓的"红牌"专业,这也反映了毕业生就业在供求匹配上存在结构性矛盾。

首先,由于教育管理体制因素,高校在专业设置上存在一定滞后性,与市场对人才需求的结构匹配度不高,毕业生就业能力不强。就业能力是在学习基础上发展而成的与职业相关的并内化到个人身心中的综合能力,是关乎个人能够成功自我就业并获得很好的职业发展的能力。其次,不同专业人才供需紧张程度差异较大,一些专业毕业生供不应求,另一些专业毕业生则存在就业难的情况,供求矛盾呈现差异化。最后,当前新产业、新业态、新模式发展迅猛,对高校毕业生知识结构、技能结构、素质水平等的要求不断提高,高校人才培养和经济产业发展不匹配的矛盾更加凸显,一些新兴产业所需人才难以满足。

(三)用人单位、区域吸纳毕业生的能力转移

尽管国家经济形势持续向好,但与迅速增长的就业需求相比而言,就业压力大,就业形势仍然不容乐观。但近几年来,部分大中型企业经营困难,下岗形势继续延续,再就业任务艰巨;政府机关精简机构、干部分流,政府机关原则上不再直接招收应届毕业生,因此,通过公务员考试进入政府机关的竞争异常激烈;事业单位深化人事制度改革,特别是聘任制的推行,许多事业单位的管理人员和专业技术人员重新就业压力都较大,对于刚刚毕业毫无工作经验和社会阅历的毕业生而言,要与这些人员竞争岗位,难度很大。这些都使毕业生就业主渠道的吸纳能力有所下降。更多的毕业生选择到民营企业就业,与此同时,在国有企业、中外合资、外资及独资企业就业的比例都有所下降。民生行业、第三产业成为就业增长点,传统制造业就业比例下降。近年,不论是本科生,还是高职高专院校毕业生,就业比例增长最大的行业都是中小学教辅机构;其他行业,如信息传输、软件和信息技术服务业、医疗和社会护理服务业、专业设计与咨询服务业,都有不同幅度的增长,吸纳毕业生的能力在逐步增强。另外,毕业生的就业区域也随着经济社会的发展呈现出新的趋势。"北、上、广、深"就业比例持续下降,"新一线"城市吸引力不断增强;毕业生就业于直辖市的比例略有下降,就业于副省级城市的比例有所上升;一部分高职高专院校毕业生选择在地级城市及以下地区就业。这也说明大学毕业生的择业观念更为理性,不再单纯考虑编制、经济待遇和工作环境。

(四)大学毕业生创业收入高,但创业成活率下降

大学毕业生自主创业人群月收入优势明显,收入涨幅在创业3年后也明显高于同届毕业生,但经过一段时间的经营以后,创业人数和成活率较前几年略有下降。有关创业数据显示:2018届毕业生有较高的创业热情。从学历分析,本科毕

业生创业率高于研究生和高职高专院校毕业生;从学校类型分析,普通本科高校毕业生创业率高于"双一流"建设高校毕业生;从学校区域分析,创业率排名前三的区域依次是北部沿海地区、东部沿海地区和西南地区;从创业所在行业来看,排名前三的行业依次是"文化、体育和娱乐业""教育"和"批发与零售业"。其中,63.71%的大学生创业者在校学习成绩排名在前30%,82.64%的大学生创业者有学生工作经历,92.36%的大学生创业者有社会实践经历。

高校毕业生就业形势虽然总体平稳,但在就业质量方面面临着更大的挑战。毕业生从事稳定、全职的就业的比例在持续减少,这既体现了毕业生就业形式的多样性,也反映出毕业生就业的不稳定性在一定程度上有所增加。针对以上情况,建议如下:

第一,协同推进产业转型升级和促进高校毕业生就业。

(1) 构建产业转型升级与促进大学生就业联动机制。

加快实施有利于高校毕业生发挥优势的技术进步和产业升级技术战略,将发展民营经济、支持中小微企业发展与鼓励高校毕业生创业和促进就业政策结合起来,给予到民营经济和中小微企业就业的毕业生与到机关、国企、事业单位同等的待遇,特别是在落户、职称评定等方面,给予更加公平的政策。

(2) 强化政府公共就业服务职能,着力促进高校毕业生就业与产业转型升级需求同步。

紧密结合产业、企业发展,改革高校人才培养的模式和内容,加大推广和加深发展校企合作、社会实训等方式,真正提高毕业生的知识、技能等职业素质。政府部门要按照真实企业岗位需求,广泛开展大学生职业技能竞赛、职业素质竞赛等,鼓励在校生学习知识技能的同时,同步提高实践能力。政府相关部门还要进一步加强和完善公共就业服务,加强信息化、网络化、便捷化服务能力提升,为用人单位和高校毕业生搭建各类供需平台,同时做好重大项目人才服务绿色通道等专项服务举措。

(3) 科学设置高校学科及其专业,有效满足产业转型升级发展需求。

建立高校专业人才需求预警机制,科学预测未来产业发展对人才需求的总量和结构性变化的影响;根据预测,适当调整高校学科专业招生规模,更加注重对未来人才需求量大和结构难以匹配的专业进行科学设置。同时,要根据经济产业,特别是新兴行业发展的需求,引导高校进行教学改革。

第二,进一步完善高校毕业生公共就业服务。

(1) 树立精准服务理念,对大学生提供更加精准的公共就业服务。

公共就业服务部门要联合各高校对在校大学生进行就业摸底调查,记录每一名大学生的就业愿望、就业需求、就业能力等数据,形成全国和地方的大学生就业大数据库。建立未就业的高校毕业生信息数据库,为不同情况的大学生提供精准就业服务。同时还要建立定期跟踪反馈机制,与每一名大学生保持联系,提供不间断的就业服务。

(2)设立公共就业服务券制度,打通政府部门和高校就业服务共享机制。

着重需要考虑打通政府部门和各个高校的就业指导和职业规划的资源共享机制,设立公共就业服务券。凭借手中的就业服务券,大学生可以在公共就业服务部门、高校、社会中介机构等场所免费享受规定次数、规定范围内的就业指导、职业规划、求职培训等公共就业服务。就业服务券相应资金从就业专项资金中列支,只针对规定范围内的大学生使用,不可转让或交易。

第三,充分做好适应产业发展的大学生职业技能培训。

(1)深化大学生教育改革力度,开展大学生职业素养和技能提升计划。

调查显示,大学生社会实践经验欠缺、岗位所需知识技能不足等情况较为突出,对此政府要开展"大学生职业素养和技能提升计划"。教育部门要加大力度改革高校教学内容和结构,契合社会和企业的实际情况;加大社会实践、企业实习等环节的比重,鼓励高校开展校企合作,对吸纳大学生实习实践的企业给予税收优惠和资金奖补政策。政府部门可与各个高校共同举办大学生职业素养和技能大赛,形成大学生提升职业素养和技能的社会氛围,对优胜者给予相应奖励和表彰,引领大学生不断提升就业能力。

(2)建设大学生职业训练中心。

目前我国大学生的职业训练比较欠缺,直接影响大学生就业能力和职业成长。对此,政府可建设"大学生职业训练中心",承担在校大学生和往届未就业大学生的职业素养和技能培训工作,每年提供一定学时的免费培训,对就业困难大学生加大培训力度。

三、高职高专院校学生面临的就业形势

党的十八大报告指出"加快发展现代职业教育,推动高等教育内涵式发展,积极发展继续教育,完善终身教育体系"。由此可以看出,国家对高职教育的重视。加快发展现代服务业,全面建设小康社会,走新型工业化的道路不仅需要一大批理论创新人才,也需要数以千万计的专门人才和数以亿计的高素质劳动者,把科学技术和机器设备转化为现实的生产力。高等职业教育承担着培养技术、技能型人才的重要责任。劳动力市场上高技能人才的紧缺状况给高等职业教育的改革与发展带来了机遇和挑战。

(一)高职高专就业率稳中有升

2018届高职高专院校毕业生就业率为92.0%,毕业生待就业压力没有明显增加。2018届高职高专院校毕业生待就业比例为7.5%,较2014届(8.1%)低0.6个百分点。民营企业成为雇佣毕业生的主力军,2014~2018届高职高专院校毕业生在民营企业就业的比例从65%上升到68%,而在国有企业就业的比例从18%下降到15%,在中外合资、外商独资企业就业的比例从9%下降到6%。

(二)高职高专各专业就业情况

根据《2019年中国大学生就业报告》,2016~2018年的三年的就业趋势可以看出,高职高专专业大类中的资源开发与测绘大类、医药卫生大类、土建大类毕业生就业率上升较多,其中2018届高职高专院校毕业生就业率最高的专业类是食品药品管理类(94.5%)。2018届高职高专院校毕业生就业率排前三位的专业分别是高压输配电线路施工运行与维护(97.1%)、电气化铁道技术(95.9%)、电力系统自动化技术(95.5%)。此外,社会体育、软件技术、道路桥梁工程技术等技术性较强的专业就业率也相对较高,而且就业前景持续看好。相对而言,语文教育、英语教育、法律事务等专业的就业率、薪资和就业满意度综合较低,这与这些专业的毕业生规模较大有关。

(三)就业领域及区域情况

从2018届高职高专院校毕业生就业情况来看,比例增长最多的行业是"学前、小学及教辅机构",就业比例为6.6%,较2014届(3.5%)增长3.1个百分点。其中,在"民办学前、小学及教辅机构"就业的增长比例高于在"公办学前、小学教育机构"就业的增长比例。就业比例增长较多的其他行业是"信息传输、软件和信息技术服务业""专业设计与咨询服务业(如财税)"。与此同时,"机械设备制造业"以及"交通运输设备制造业""电子电气设备制造业"等行业就业比例呈下降趋势。概括来说,与民生相关的教育和医疗服务成为高职高专院校毕业生就业增长点,传统制造业招聘比例下降。教育、媒体、互联网相关职业社会需求明显较多,机械、销售相关职业社会需求明显减少。

从职业角度来看,2018届高职高专院校毕业生从事最多的职业类是"销售",就业比例为8.9%,其后是"财务/审计/税务/统计""建筑工程""行政/后勤"。近5年来,高职高专院校毕业生就业比例增长较多的前三位职业类分别为"媒体/出版""幼儿与学前教育""互联网开发及应用"。同时,自2014年以来高职高专院校毕业生在民营企业就业的比例略有上升,而在国有企业就业的比例有缓慢下降趋势。

从就业的地域范围来看,高职高专院校毕业生选择在地级城市及以下地区就业的比例较大,2018届达到61%,而选择在一线城市、直辖市及副省级城市就业的比例较低。

(四)工作与专业相关度及就业满意度情况

根据麦可思研究学院2019年发布的研究结果,2014~2019年,高职高专院校毕业生工作与专业的相关度维持在62%左右,比较稳定。其中在高职高专专业大类中,2018届毕业生从事的工作与专业相关度最高的是医药卫生大类,达到90%,其次是土建大类;最低的是旅游大类、轻纺食品大类,平均相关度只有51%。毕业生选择与专业无关工作的主要原因是:① 专业工作不符合自己的职业期待;② 迫于现实先就业再择业。因为求职需要时间,时间长就会有更多的机遇,同时毕业生也在不断调整个人的择业期望,所以,半年后毕业生的就业率稍高于毕业初期,从事工作与专业的相关度比例略有下降。另一方面,近5年来高职高专应届毕业生的就业满意度呈上升趋势,2018届毕业生就业满意度达65%。同时,就业满意度因毕业时间、所学专业、从事行业、就业单位和就业城市等的不同,也体现出一定的差异性。

(五)自主创业与升学情况

2018届高职高专院校毕业生自主创业的比例为3.6%,与2014届相比较仍略有下降。高职高专院校毕业生3年内自主创业比例相对高一些,创业领域主要集中在零售行业,但3年后仍坚持自主创业的比例比5年前也略有下降,也就是说,自主创业的存活率呈下降趋势。近几年,高职高专院校毕业生的毕业去向,除了进入各种性质的单位和自主创业外,也有一部分出于想接受更好的教育和职业发展的需要选择了读本科。

四、高职高专院校毕业生就业的特点

根据以上全国总体就业形势、大学生群体的就业状况、高职高专院校毕业生的就业情况,可以看出高职高专院校毕业生"就业难"的问题依然存在。近年来,高校扩招使得大学毕业生由"卖方市场"进入了"买方市场",高职高专院校毕业生就业难的问题日趋凸显,成为社会关注的热点和焦点问题。面对当前就业环境,高职高专院校应充分认清就业形势,把提高毕业生就业率和就业质量作为一项重要工作,不断寻求大学生就业指导和服务的新方法,帮助学生在就业的大潮中站稳脚跟。

(一)就业类型特征鲜明:技术型人才抢手,文科类毕业生竞争压力较大

根据麦可思 2019 年人才需求报告,高职高专院校作为高级技术人才和服务类人才的培养基地,与技术及服务相关的专业的毕业生受到用人单位的争抢,而文科类的毕业生就业竞争激烈,毕业后,从事非本专业工作者居多。文科生就业难于理工科毕业生的原因主要有两个方面:一是文科(如管理类、文史类)专业性较弱,可替代性强,理工科的就业岗位文科生做不了,而文科生能做的不少岗位理工科毕业生同样可以胜任;二是近年来社会经济发展加速,尤其是基础建设飞速发展,对理工科毕业生需求量增大,专业招生增幅较大,加剧了文科类就业岗位的竞争。

(二)就业渠道广泛,整体走势明朗:华东地区民营企业成为就业主渠道

当前高职高专院校毕业生就业渠道十分广泛,走向多元化,以安徽省高职高专院校为例,80%以上的毕业生选择到东部发达地区就业。在就业单位性质上,70%左右的毕业生进入了民营企业、个体企业。在就业区域及就业单位的选择上,毕业生呈现出很强的趋向性:华东地区经济比较发达,生活设施比较便利,薪资待遇较好,工作比较稳定,专业与工作结合性好,成为毕业生就业考虑的重点区域。

(三)产学途径畅通,订单式培养成趋势

近几年,高职高专院校毕业生就业规模比较大,就业率较高,其重要原因之一就是产学结合的途径进一步畅通。2005 年,《国务院关于大力发展职业教育的决定》明确要求大力推行"工学结合,校企合作培养"的模式,并要求高等职业院校的学生实习实训的时间不得少于半年。订单式人才培养模式从根本上使得学生在校学习更具职业针对性,是市场经济条件下,学校人才供给、企业人才资源开发的必然选择。这种育人方式是一种教育理念和办学模式的创新,不仅逐渐得到了社会的认可,更成为一种新的流行趋势,得到各界的大力提倡和广泛推行。

(四)就业观念得到改变:放宽眼界去就业

毕业生择业观念的改变来源于三个方面:一是压力,就业环境的严峻让毕业生放低了就业姿态;二是推力,教育部和各省的教育措施及各高校就业指导与服务工作推进了毕业生就业工作的深入进行;三是动力,毕业生综合素质的强化,岗位技能的提高,适应能力的增强,强化并形成了高职高专院校毕业生接受考验、迎接挑战的信心与动力。

这些特点的呈现和当前社会经济发展的特殊阶段、高职高专人才的培养目标及高职高专院校毕业生的求职定位有紧密的关系。

（五）人才培养目标：培养一线的生产、管理、服务高素质应用型技术人才

高职高专院校以培养高等技术应用人才为根本任务，以满足社会生产、管理、服务第一线对中高级人才需求为目标，以技术应用能力培养为主线，力争使学生成为既具备一定的理论基础与专业知识，又能掌握本专业领域的基本技能，并具有良好职业道德的专门人才。所以，高职高专教育要紧跟社会发展的要求，从专业设置、教学改革、资源配置等方面出发，统筹考虑，统筹规划，以培养出具有高职特色，适应社会需要的紧缺、适用、技术型人才。高职高专院校学生的培养不能简单等同于就业教育。高职高专院校的教育教学目的和培养目标是：不仅要培养学生外显的、实际性的工作能力，更要重视培养学生内隐的、潜在的创业与发展能力，为学生就业打下坚实基础，搭建学生职业发展或创业发展的平台。高职高专教育不是职业技术培训式的教育，不是唯专业的零距离技术性教育，掌握与运用技术不是高职高专院校教学的唯一目的。学生必须具有专科学历层次的文化品位与人文素养以及高等专业技术人员相应的专业技术水平。

第三节　我国大学生相关就业政策

一、《促进中小企业发展规划(2016—2020 年)》

国务院依据《中华人民共和国国民经济和社会发展第十三个五年规划纲要》等编制了《促进就业规划（2016—2020 年）》，旨在进一步加强战略引领、明确主要任务、细化政策重点，是"十三五"时期指导全国促进就业工作的战略性、综合性、基础性规划。

二、国家现行的大中专毕业生就业方针与政策

就业关系到国计民生，大学生就业问题更是重中之重，大学生就业难问题已引起全国上下的关注和重视。就业政策是指国家和地区为确保某个时期的就业顺利

开展而制定的行为准则,通常包括就业指导思想、就业机制、就业工作的基本原则、就业渠道、就业形式及就业方法等。为促进大学毕业生充分就业,国家围绕就业制度改革,制定出台了一系列相应的政策和措施。

我国一直推行积极的就业政策,以"劳动者自主就业,市场调节就业,政府促进就业"为指导方针,大力发展经济,调整经济结构,创造就业岗位。通过发展壮大第三产业,扩大就业容量与规模。鼓励发展多种所有制经济成分,活跃经济,拓宽就业渠道。发展灵活多样的就业形式,增加就业途径。积极推进社会保障制度、住房制度、户籍制度等项改革,减少就业歧视、不同渠道就业之间的差距,通过经济体制改革、政治体制改革,引导大学生就业观念变革。通过制度约束,规定所有非公有制企、事业单位必须为聘用的工作人员办理养老保险和失业保险。

（一）主要政策文件

(1)《中华人民共和国劳动法》(1994年7月5日第八届全国人大常委会第八次会议通过)。

(2)《中华人民共和国合同法》(1999年3月15日第九届全国人大第二次会议通过)。

(3)《中华人民共和国劳动合同法》(2007年6月29日第十届全国人大常委会第二十八次会议通过,2008年1月1日起实施)。

(4)《中华人民共和国就业促进法》(2007年8月30日第十届全国人大常委会第二十九次会议通过,2008年1月1日起实施)。

(5)《国务院办公厅关于加强普通高等学校毕业生就业工作的通知》(国办发〔2009〕3号)。

(6)《关于大力推进大众创业万众创新若干政策措施的意见》(国发〔2015〕32号)。

(7)《中共中央组织部　人力资源社会保障部等九部门关于实施第三轮高校毕业生"三支一扶"计划的通知》(人社部发〔2016〕41号)。

(8)《人力资源社会保障部　教育部关于实施高校毕业生就业创业促进计划的通知》(人社部发〔2016〕100号)。

(9)《关于进一步引导和鼓励高校毕业生到基层工作的意见》(中共中央办公厅 国务院办公厅 2017.2.3)。

(10)《关于做好当前和今后一个时期促进就业工作的若干意见》(国发〔2018〕39号)。

(11)《人力资源社会保障部办公厅关于推进技工院校学生创业创新工作的通知》(人社厅发〔2018〕138号)。

(12)《中共中央组织部办公厅 人力资源社会保障部办公厅关于应对新冠肺炎疫情影响做好事业单位公开招聘高校毕业生工作的通知》(2020.3.17)。

(二)促进毕业生就业的有关政策措施

1. 国家鼓励和引导毕业生到城乡基层就业的政策措施

为鼓励和引导大学生到基层就业,2005年6月,中共中央办公厅、国务院办公厅印发的《关于引导和鼓励高校毕业生面向基层就业的意见》(中办发〔2005〕18号)推出了选调生,西部计划,农村扶贫计划("三支一扶"计划)(2万人),高校毕业生进村、进社区工作等工程,并颁布了一系列优惠措施,涉及户籍迁移、偿还助学贷款、工资待遇、考录公务员、报考研究生等诸多方面。具体而言,高校毕业生到基层就业可享受的优惠政策主要有:

(1)户籍迁移。到西部县以下单位和艰苦边远地方工作的高校毕业生,可以把户口留在原籍,也可以转到工作的所在地区去。工作满5年以后,可以到自己的原籍或者是户籍市以外的其他地区去工作,如果落实接收单位的,接收单位应当给予落户,同时人事部门提供免费代理服务。

(2)经济补贴。到农村基层和城市社区其他社会管理和公共服务岗位就业的高校毕业生,给予酬薪、生活补贴、社会保险、公益性岗位补贴、学费补偿等优惠政策。

(3)就业优惠。在公务员招录、事业单位招聘、考学升学、自主创业等方面,对于有基层工作经历的人员实行相应优惠政策。

2. 国家鼓励毕业生到中小企业、非公有制企业就业的政策

国家实行多种优惠政策鼓励企业吸纳就业,各地政策略有不同,以安徽省为例,有如下优惠政策:

(1)高校毕业生到中小企业就业的,在专业技术职称评定、科研项目经费申请、科研成果或荣誉号申报等方面,享受与国有企事业单位同类人员同等待遇。

(2)高校毕业生从企业、社会团体到机关事业单位就业的,其按规定参加企业职工基本养老保险的缴费年限合并为连续工龄。

(3)对各类企业招用非本地户籍的普通高校专科以上毕业生,各市取消落户限制。

(4)高校毕业生在中小企业就业期间计算为基层工作经历。

(5)对吸纳一定数量高校毕业生的中小企业,给予贷款扶持并享受一定比例贴息。

(6)对招用毕业年度高校毕业生,并与之签订1年以上劳动合同且为其缴纳社会保险费的小微企业,按其为高校毕业生实际缴纳的五项社会保险费给予补贴

(不包括个人应缴纳的部分),补贴期限不超过 12 个月。离校 1 年内未就业高校毕业生或灵活就业并以个人身份缴纳社会保险费的,可按规定标准申请职工养老保险补贴和职工医疗保险补贴,补贴期限不超过 24 个月,补贴标准原则上不超过实际缴费的 2/3。

3. 国家鼓励骨干企业和科研项目单位积极吸纳和稳定高校毕业生就业的政策

2009 年 2 月,科技部等部委发布《关于鼓励科研项目单位吸纳和稳定高校毕业生就业意见》,鼓励重大科研项目吸纳优秀高校毕业生就业,此后,这项政策不断被补充完善。这是毕业生就业工作和科技管理改革的一项重要制度创新。优秀高校毕业生(特别是研究生)是国家科技创新的一支重要生力军。骨干企业、重大科研项目承担单位选聘优秀高校毕业生参与研究创新工作,对企业技术、管理创新的进行,对加快科研项目实施、提高科研项目研究水平具有积极作用,对促进高校毕业生就业、培养高素质人才、增强国家科技创新能力具有重要的意义。逐步扩大骨干企业和科研项目单位吸纳高校毕业生规模,鼓励优秀高校毕业生作为科研助理或辅助人员参与项目实施,这是推动建设创新型国家和人力资源强国的一项重要举措。

单位聘用高校毕业生参与研究,其劳务性费用和有关社会保险费补助按规定从项目经费中的"劳务费"科目列支。高校毕业生参与项目研究期间,其户口、档案可存放在项目承担单位所在地或入学前家庭所在地人才交流中心。聘用期满,根据工作需要可以续聘或到其他岗位就业,就业后工龄与参与研究期间的工作时间合并计算,社会保险缴费年限合并计算。项目承担单位应当与研究助理协商签订服务协议。服务协议应当包含以下内容:项目承担单位的名称和地址;研究助理的姓名、居民身份证号码和住址;服务协议期限;工作内容;劳务性费用数额及支付方式;社会保险;双方协商约定的其他内容。服务协议不得约定由研究助理承担的违约金。服务协议以 3 年为限。

4. 国家鼓励和支持高校毕业生自主创业

创业是劳动者通过自主创办生产服务项目、企业或从事个体经营实现市场就业的重要形式,劳动者通过创业,在实现自身就业的同时,吸纳带动更多劳动者就业,促进了社会就业率的增长。当前及今后一个时期,我国就业形势依然严峻,鼓励以创业带动就业,有利于发挥创业的就业倍增效应,对缓解就业压力具有重要的现实意义。以创业带动就业工作是实施扩大就业发展战略的重要内容,是新时期实施积极就业政策的重要任务。我国各地区、各有关部门高度重视此项任务,期望通过政策支持和服务保障,优化创业环境,鼓励和扶持更多劳动者成为创业者。适应高校毕业生就业创业新需要,将就业创业有机融合,建立涵盖学校内外各阶段、求职就业各环节、就业创业全过程的服务体系。健全未就业毕业生实名数据库,为高校毕业生提供就业信息、职业指导和就业见习等就业服务。普及创业教育,加强职业培训。加强部门之间工作衔接、信息共享,推动高校毕业生就业创业。

5. 国家对高校毕业生的帮扶政策

以安徽省为例,有如下帮扶政策:

(1) 对在毕业年度有就业创业意愿并积极求职创业的低保家庭、残疾及获得国家助学贷款等高校毕业生,给予一次性求职创业补贴。

(2) 对离校后未就业高校毕业生,实行实名制管理,提供针对性就业服务。符合条件的就业困难高校毕业生,可享受就业援助政策,采取"一对一""面对面"等服务方式,提供一次求职、失业登记,提供一次就业指导,提供一次政策宣讲,提供一次岗位信息,提供一次职业介绍,提供一次职业技能培训和创业培训。对实在难以就业的毕业生,可以通过公益性岗位托底安置。

(3) 户籍管理部门允许一定规模的企业设立集体户口,方便高校毕业生就业落户。

(4) 对安排高校残疾人毕业生就业的单位,按双倍人数计入该单位安排残疾人职工人数。

6. 国家鼓励高校毕业生应征入伍服义务兵役

自 2007 年以来,解放军加大了对各类院校应届毕业生的征集力度,提高了兵员质量,推进了国防和军队现代化建设。自 2009 年起,高校毕业生应征入伍服义务兵役,享受下列优惠政策:优先征集和选拔。高校毕业生应征入伍服义务兵役,优先报名应征、优先体检政审、优先审批定兵。入伍后,可优先选取士官,进入军校学习,在参加优秀士兵保送入学对象的选拔时,年龄可放宽 1 岁,同等条件下优先。自 2009 年起,对应征入伍服义务兵役的高等学校毕业生在校期间缴纳的学费实行补偿。退役后还享受升学、考学优惠待遇和就业服务优惠政策。

 知识拓展 1-1

安徽省就业模式探讨:"小驿站"里的"大天地"

1. 驿站建设篇:"一站一品"新模式 树立管理新理念

(1) 因地制宜抓建设。在建设模式上,既有"三位一体"综合性驿站,也有"1+N"分步实施型驿站。在发展产业上,充分突出安徽地域特色,实现"一站一业"。

(2) 制度统一抓管理。明确建设范围和条件、建设方式和标准、运营和管理等内容,做到就业扶贫驿站全省名称统一、标志统一、制度统一、规范统一。

(3) 强化督查抓落实。委托第三方实地核查驿站建设进度、政策落实情况,电话回访贫困劳动者务工意愿、就业状况,按月点评、按季通报,直面问题,立行立改,保障政策落地生效。

2. 驿站功能篇:打好就业"组合拳" 提升服务新空间

(1) 就业扶贫车间促就业。坚持多措并举,支持劳动密集型企业设立车间,根据乡村产业发展需求,充分利用各地特产资源,既较好地解决了中小企业"招工难"问题,又能够引导贫困劳动者就近就业或居家就业。

(2) 电商服务中心促增收。紧紧围绕电子商务进农村战略,积极引入电子商务企业管理运营,既帮助贫困劳动者销售农产品来增加收入,又打通农村物流"最后一公里"。

(3) 人社服务中心促发展。通过设立服务窗口,为农村劳动者开展"一对一"精准帮扶,打好"产业技能、就业技能、创业技能"组合拳,实行重点培训、现场培训、蹲点指导、远程咨询等4项服务,激发贫困劳动者自我发展的激情和能力。在驿站配备具有就业服务功能的"便民宝",让广大农村劳动者在家门口就能知晓政策、找到岗位、办理业务。

3. 驿站成效篇:打赢扶贫攻坚战 推动就业新发展

就业扶贫驿站将发展产业、扶持创业、促进就业、稳定脱贫、振兴乡村等有机融合在一起,真正实现"输血"与"造血"相结合、物质与精神"双脱贫"。

(1) 就业脱贫获得感进一步提高。全省累计建设就业扶贫驿站974个,推动就业意愿、就业技能与就业岗位精准对接,吸纳2.45万名劳动者,其中帮扶1.11万名贫困劳动力实现就业,年增收4.7亿元。

(2) 贫困劳动者内生动力进一步激发。通过把岗位送到家门口,解决了贫困劳动者既要照顾家庭、又要增加收入的难题;通过开展技能培训,提升了贫困劳动者的技能,实现"培训一人、就业一人、脱贫一户"。金寨县花石乡大湾村的村民周秀凤2017年参加了脱贫技能培训,熟练掌握了炒茶技术后,就在大湾村的扶贫车间实现就业,仅在春茶上市的一个半月就获得收入7000多元,当年就实现了脱贫目标。同样是2017年脱贫的无为县无城镇黄汰村的胡志林,身患残疾,虽然享受低保,但是他励志脱贫,半年时间就实现从"被人扶"到"帮别人"的转变、2017年他通过在家门口的生态农业公司打工成功脱贫,2018年5月胡志林就创办了家庭农场养殖——无为特产生态麻鸭。

(3) 农村公共服务水平进一步提升。就业扶贫驿站把人社服务延伸到村,打通公共服务"最后一公里";让电子商务覆盖到村,使广大农民充分享受

"互联网+"的成果。就业扶贫驿站不仅成为贫困户常去的地方,也让更多的群众在这里感受到了更为便捷的服务。

（4）开发性扶贫长效机制进一步完善。通过建设就业扶贫驿站,让贫困劳动者有了长期就业、稳定脱贫的平台,让贫困村有了固定收入、发展集体经济的渠道,让脱贫攻坚与乡村振兴有机衔接、相互融合。

（资料来源:中华人民共和国人力资源和社会保障部 安徽省就业模式探讨:"小驿站"里的"大天地"[EB/OL].(2012-12-12).http://www.mohrss.gov.cn/SYrlzyhshbzb/dongtaixinwen/dfdt/jyfx/201812/t20181212_306926.html）

 课后习题

1. 对自己所学专业的就业前景进行调查研究,可通过网上查询、实地采访及阅读资料等形式进行,最终形成调查报告。

2. 当前我国大学生就业现状是怎样的?

3. 我国大学生就业政策有哪些?

4. 对于未来的就业,你有哪些设想?

第二章 就业准备

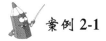案例 2-1

求职择业成与败　提前准备是关键

小袁同学是安徽省某职业技术学院护理专业的应届毕业生,毕业后找一家好的医院从事护理工作是她的梦想。

为找到适合自己的工作,小袁通过学校的就业指导服务部门、医院官方网站等途径收集了几十条招聘信息。为了弄清信息的真实性,小袁通过老师、同学、朋友等进行打听。确定信息的可靠性后,她把收集到的信息根据招聘条件的不同进行了分类。接下来,小袁将分类后的求职信息按照重要性进行编号排列,结合自己的实际情况进行筛选过滤,最后选择了几家目标医院并进行应聘准备。根据目标医院的招聘条件,通常需要准备就业推荐表等相关审核材料,还需要准备笔试和面试。为此,小袁对照这些条件进行了有针对性的准备和训练。

功夫不负有心人,小袁顺利地通过一家医院的笔试,进入面试环节。她联系了已经在该医院上班的学长,向他们虚心讨教面试的经验。她对目标医院工作的特点、医院文化等进行深入地了解,还设置逼真的面试场景每天进行面试模拟演练。

不久,她如愿以偿地接到了该医院的录用通知。

点评:小袁成功的求职经验告诉我们:凡事预则立,不预则废。机会总是留给有准备的人,在求职择业中,只有我们做好充分的准备,才能增加成功的概率,不给自己留下遗憾。

第一节　就业信息的收集

就业信息是指求职者通过某种途径获取,然后经过收集、加工、整理,能被求职者所接受并具有一定价值的消息和情况。就业信息在大学毕业生就业过程中起着很重要的作用,及时准确地掌握就业信息有助于求职者在纷繁复杂的就业市场竞争中获得先机,为择业决策提供重要依据,是大学毕业生顺利就业的可靠保证。

一、就业信息的内容和要求

大学生收集的就业信息主要包括就业形势、就业政策、就业法律法规、就业程序、就业经验、社会需求、用人单位等。

(一)就业形势

目前,大学毕业生就业竞争日益激烈,面临的就业形势非常严峻。想要在如此激烈的竞争环境中找到适合自己的工作,大学毕业生不仅要了解当前我国的经济发展形势与战略,还需要了解经济政策的调整对就业形势的影响,尤其需要了解毕业生的供求形势、所学专业就业岗位总体需求状况以及人才储备情况等。通过对就业形势的全面客观分析与准确判断,可以帮助毕业生立足于社会现实,并结合自己的条件,及时调整就业期望值,以便在社会发展变化的大环境下找准自己的位置。

(二)就业政策

就业政策信息是指国家、地方政府和有关部门发布的行政命令或政府规定。近年来,国家和政府一直非常重视高校毕业生的就业问题。为了促进高校毕业生顺利就业,国家、地方政府和有关部门每年都会出台相关政策和优惠措施。比如国家为鼓励中小企业吸纳高校毕业生提供的优惠措施,为高校毕业生入伍服义务兵役提供的优惠政策,为大学生到西部、基层就业提供的优惠条件,为毕业生自主创业提供的优惠政策等。因此,毕业生有必要了解国家最新出台的一系列有关就业的方针、政策和措施,包括当地政府和有关部门出台的相关政策和措施。在就业过程中,毕业生要在国家的政策范围内利用政策提供的有利条件,根据自己的需求,寻找适合自己的工作。

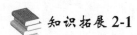
知识拓展 2-1

国家鼓励高校毕业生到基层就业的主要优惠政策

1. 国家鼓励基层就业的优惠政策

(1)完善工资待遇进一步向基层倾斜的办法,健全高校毕业生到基层工作的服务保障机制,鼓励毕业生到乡镇特别是困难乡镇机关事业单位工作。

(2) 对高校毕业生到中西部地区、艰苦边远地区和老工业基地县以下基层单位就业、履行一定服务期限的,按规定给予学费补偿和国家助学贷款代偿(本专科学生每人每年最高不超过8000元、研究生每人每年最高不超过12000元)。

(3) 结合政府购买服务工作的推进,在基层特别是街道(乡镇)、社区(村)购买一批公共管理和社会服务岗位,优先用于吸纳高校毕业生就业。

(4) 落实完善见习补贴政策,对见习期满留用率达到50%以上的见习单位,适当提高见习补贴标准,允许就业见习补贴用于见习单位为见习人员办理人身意外伤害保险以及对见习人员的指导管理费用。

(5) 将求职补贴调整为求职创业补贴,对象范围扩展到已获得国家助学贷款的毕业年度高校毕业生,以及贫困残疾人家庭、建档立卡的贫困家庭高校毕业生和特困人员中的高校毕业生。

(6) 艰苦边远地区基层机关招录高校毕业生可适当放宽学历、专业等条件,降低开考比例,可面向具有本市、县户籍或在本市、县长期生活的高校毕业生设置一定数量的职位。

2. 在基层工作职业发展有保障

各地区要结合城镇化进程和公共服务均等化要求,充分挖掘教育、劳动就业、社会保障、医疗卫生、住房保障、社会工作、文化体育及残疾人服务、农技推广等基层公共管理和服务领域的就业潜力,吸纳高校毕业生就业。要结合推进农业科技创新、健全农业社会化服务体系等政策,引导更多高校毕业生投身现代农业。

(1) 在干部人才选拔任用机制上,进一步强化基层工作经历的政策导向,向在基层工作的优秀高校毕业生倾斜。

(2) 自2012年起,省级以上机关录用公务员,除特殊职位外,按照有关规定一律从具有2年以上基层工作经历的人员中考录。

(3) 市地级以上机关应拿出一定数量的职位面向具有基层工作经历的公务员进行公开遴选。

(4) 省、市级所属事业单位面向社会公开招聘时,应拿出一定数量的岗位公开招聘有基层事业单位工作经历的人员。有条件的地区可明确具体公开遴选或招聘的比例。

(5) 鼓励国有大中型企业建立健全人力资源管理激励机制,将在基层生产和管理一线表现优秀的高校毕业生纳入后备人才队伍,加大从基层一线选拔任用中层干部的力度。

(6)对具有基层工作经历的高校毕业生,在研究生招录和事业单位选聘时实行优先。

(7)高校毕业生在中西部地区和艰苦边远地区县以下基层单位从事专业技术工作,申报相应职称时,可不参加职称外语考试或放宽外语成绩要求。充分挖掘社会组织吸纳高校毕业生就业潜力,对到省会及省会以下城市的社会团体、基金会、民办非企业单位就业的高校毕业生,所在地的公共就业人才服务机构要协助办理落户手续,在专业技术职称评定方面享受与国有企事业单位同类人员的同等待遇。对于吸纳高校毕业生就业的社会组织,符合条件的可同等享受企业吸纳就业扶持政策。

(8)对到农村基层和城市社区从事社会管理和公共服务工作的高校毕业生,符合公益性岗位就业条件并在公益性岗位就业的,按照国家现行促进就业政策的规定,给予社会保险补贴和公益性岗位补贴。

(资料来源:西吉县就业创业和人才服务局.高校毕业生去基层就业,优惠政策真不少![EB/OL].(2017-08-02).https://www.sohu.com/a/161699281_99939330.)

(三)就业法律法规

法律是维护国家稳定、保障各项事业蓬勃发展的有力武器,是捍卫人民群众权力和利益的工具。为了维护毕业生在就业方面的权益,国家制定了有关就业方面的法律法规。毕业生要了解的就业法律法规主要有《中华人民共和国劳动法》《中华人民共和国劳动合同法》《中华人民共和国公务员法》《中华人民共和国反不正当竞争法》等。在就业过程中,我们要严格遵守有关就业法律法规,依法办事,当自己的合法权益遭到侵害时,要学会用法律保护自己,依法维护自己的合法权益。

(四)就业程序

就业过程包含一系列的程序,大学毕业生应该熟悉基本的就业环节和程序,比如与用人单位签订就业协议时要履行哪些手续、在学校规定的时间内若没有和用人单位签订就业协议档案会被转到何地等。了解和熟悉这些就业程序有助于大学生获得更多的信息资源和就业服务,从而顺利地从校园走向工作岗位。

(五)就业经验

大学毕业生在择业时如果缺乏就业经验,往往会感到不知所措、无所适从。往届毕业生的就业经验可以为应届毕业生求职提供帮助。应届毕业生如果在求职过程中遇到困难,可以通过学校组织举办的往届毕业生的现场经验分享会、线上交流咨询等方式向师兄、师姐取经。往届毕业生分享的求职经验、教训、建议等可以为应届毕业生在择业时指点迷津,答疑解惑,避免他们在求职过程中走弯路、错路。

(六)社会需求

社会需求信息是应届毕业生收集就业信息时要着重关注的部分,因为这类信息具有很强的针对性,它关系到毕业生的就业选择。社会需求信息主要包括各用人单位对毕业生的需求状况、本年度大学生毕业数量、专业冷热程度、岗位对人才的要求、不同地区的就业情况等。

(七)用人单位信息

用人单位信息是指关于用人单位内部特点的信息。及时准确地了解用人单位信息,可以避免择业的随意性和盲从性,增加就业的成功率。用人单位信息主要包括以下内容:

(1) 用人单位的准确名称、详细地址、交通状况、联系方式(人事部门联系人的电话、传真、电子邮箱、通信地址、邮政编码等)。

(2) 用人单位的性质。一般分为国家机关、事业单位、科研院所、高等学校、国有企业、股份制企业、民营企业、外资企业、合资企业等。

(3) 用人单位的发展历史、发展目标、远景规划、注册资产、员工人数、占地面积、经营业务范围、客户类型、竞争对手类型与规模、市场占有率、在整个行业中的排名等。

(4) 用人单位的文化背景、工作环境、规章制度、管理理念、单位主要领导的有关信息等。

(5) 用人单位招聘需要的专业、岗位数目、对所需人才的具体要求。

(6) 用人单位选聘人才的标准和要求,包括思想政治素质、学历、专业技能、社会实践经历、计算机英语水平等级等。

(7) 用人单位的薪酬、福利待遇,包括工资、津贴、住房、医疗保险、培训、继续教育等。

二、收集就业信息的原则

要获取适合自己的有效就业信息,应该遵循以下五个原则:

(一)真实、准确性原则

就业信息的真实、准确性是对收集就业信息最基本的要求。在信息时代,大学毕业生获取就业信息的途径有很多,海量的信息扑面而来,同时很多虚假信息也会乘虚而入,稍有不慎,就有可能掉进求职陷阱。如果收集的信息不真实、不准确,就会浪费大量的时间和精力,甚至损失了金钱,贻误了求职的良机。因此,毕业生务必擦亮眼睛,保持清醒的头脑,冷静、仔细、认真、全面地分析就业信息,有效地鉴别信息的真伪,确保获取的信息真实、准确。

案例 2-2

鉴别就业信息　警惕求职陷阱

小孟同学想利用暑假找份兼职,锻炼一下自己。于是他在某求职网站搜索了一些兼职招聘信息。小孟看到有一个离家较近的餐饮店在招兼职服务员,便投递了简历。简历投出的第三天,小孟就收到了一条短信,通知他去到某广场参加面试。短信中写的面试地点是在某广场,但没有具体说明是哪一间门店,对方让他到广场后再电话联系。第二天小孟按照对方的要求来到该广场进行所谓的现场面试。据小孟回忆,对方自称赵主管,让小孟到该广场一家餐饮店一楼进行现场面试,他让小孟就坐在餐饮店里,而他站在远处面试即可。过了一会儿,赵主管称,小孟已经顺利通过了面试,并给了他一张所谓的"员工入职合同"让他回家填写。这张员工入职合同上除了要让求职者填写各种个人信息外,没有任何招聘方信息。按照约定,第二天小孟要去交填好的表格。这次见面地点是在某餐饮店外,小孟到了之后给"赵主管"打电话,然后"赵主管"从别处过来。这次"赵主管"向他出示一个微信收款二维码,让他转账 600 元作为员工服装费,并表示出勤满一周,就能报销这笔费用。虽然"员工入职合同"看着就很不正规,还没工作就要先交钱,小孟同学也怀疑过"赵主管"是否是骗子,但由于缺乏社会经验,他还是交了钱,并约定 7 月 16 号正式上班。然而,小孟交钱后的第二天,"赵主管"又以交保证金等名义让小孟先后交了 800 元。交过保证金后,"赵主管"称现在老总的一个亲戚的孩子要来当服务员,餐厅不缺服务员了,让小孟拿钱疏通关系。此时,小孟感觉到事情不对劲,就让"赵主管"退款。虽然"赵主管"口头承诺退钱,但一直不见他付之于行动。于是小孟把这件事告诉了父母,在家人的陪同下,他们到餐饮店想要一问究竟,结果却被告知店内并没有在相关网站或委托第三方公司招服务员,而且店内没有姓赵的主管。这家餐饮店老板王先生判断,小孟应该是被骗了。王老板称店内所有员工的工作服都是不要钱的,更不存在收押金的情况。随即小孟在家人陪同下前往派出所报案。但由于被骗金额达不到立案标准,警方让他们自行协商。在派出所现场拨通的电话里,"赵主管"依然自称是某餐饮店的主管,并承诺下午小孟就可以去找他退钱。而下午当小孟到达约定地点时,"赵主管"的电话却再也打不通了。当小孟再去搜索该公司时,已经没有任何信息了。简历投递记录里的商家电话也无法拨通。直到今天,小孟依然没有得到"赵主管"的任何回复。

点评:真实性、准确性是收集求职信息的生命。毕业生在求职时,一定要冷静分析招聘信息,当心被一些虚假信息迷惑,从而浪费时间、精力和财力。

(二)时效性原则

就业信息具有时效性,如果超出一定的时间范围,就是无效的。因此,毕业生一旦确定就业信息是自己求职的目标时,就应该及时与用人单位的人力资源主管部门取得联系,了解其具体的招聘条件和要求,询问面试的时间、地点以及要注意的事项等,不要犹豫不决,否则,就有可能错失绝佳的就业机会。

案例 2-3

某校就业指导服务中心在学校网站发布安徽某单位要来校招聘大量学前教育人才的信息,并分别电话通知了学前教育专业的班主任,班主任把该单位的招聘信息发给了符合要求的毕业生。小张是学前教育专业的毕业生,正在为找工作发愁,看了该单位的招聘条件,他觉得无论是薪资待遇,还是地理位置都非常适合自己。接下来小张就一直在等待着用人单位来学校招聘,他认为反正该单位要来校招聘,到时再投递求职材料也不迟。结果等了两个星期,这家单位一直没有来,小张有些着急,就打电话给该单位的人事部门负责人,该负责人告诉小张,他们本来打算到学校来招聘,但由于这个岗位的吸引力太大,很多同学提前打电话跟他们取得了联系,还有不少同学直接到单位求职,结果他们的计划就提前完成了。小张听后非常后悔,他因为没有及时联系用人单位而错过了一次好的就业机会。

点评:"机不可失,失不再来。"毕业生在收集、整理、处理就业信息时一定要注意及时尽早地对信息做出应有的反应。

（三）针对性原则

毕业生要对自己的个性、兴趣爱好、专业特长、气质等有充分的认识和了解，根据自己的择业标准有针对性的收集相关信息。不要漫无边际地收集大量而又不适合自己的就业信息，否则只会白白浪费自己的时间和精力。

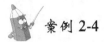
案例 2-4

毕业生小吴所学专业比较冷门，他非常清楚地知道自己这个专业目前就业前景不是很乐观，他心中暗想，如果自己投递几百份求职材料，相信一定有用人单位会录用自己。于是，他就采用漫天散网的方式，从网上收集了大量的就业信息。临近毕业时，他精心设计制作了自己的求职信和简历等求职材料。根据就业信息里提供的邮箱，他一口气向用人单位发送100多封电子邮件之后，脸上流露出得意的微笑。他心想这下可以在家安安心心地等待用人单位给自己的好消息了。

然而，10多天过去了，他还没有收到了一家用人单位的答复。这时他还表现得非常镇定，认为一定会有用人单位聘用他。大约过了半个月，A单位回信了："对不起，本单位没有用人计划，你是一位优秀毕业生，相信你一定会找到满意的工作。"B单位答复说："经过我公司人事部初步审批，认为你不符合我公司岗位要求，如有机会，期盼下次再与你合作，为不耽误你的宝贵时间，特此通知，冒昧之处请见谅。"C单位则明确答复："你所学专业我们单位已不需要……你能胜任的岗位我们没有空缺。"小吴这下心里凉了半截。不久，D单位的下属单位给他发来了热情洋溢的邀请函，欢迎他到基层立业，可他对该单位提供的工作环境、待遇不满意。再往后，则什么消息都没有了，100余封求职信如石沉大海，一无所获。

小吴为此感到非常苦恼和困惑，就到学校就业指导中心向老师诉说自己的苦衷。他向就业老师咨询为什么近期投了大量的求职材料，而没有收到任何回音。就业指导中心的老师听完他的叙述，耐心地为他指点迷津说："你求职的积极主动精神值得肯定，但找工作不能盲目地漫天散网，一定要根据自己的实际条件和用人单位的岗位需求情况有针对性地投递求职材料。你现在要做的第一件事应该是先确定好你的求职意向，然后围绕你的求职意向有针对性地收集就业信息，并对这些信息进行鉴定和筛选，重点选出几个用人单位，根据用人单位岗位特点量身定做求职材料，最后才是联系单位、参加应聘等。"在就业指导中心老师的指点下，他豁然开朗，很快改变了求职策略，重新制作了求职材料，根据自己的个人条件和专业特长，有选择、有重点地投出去8份材料，之后收到了6个单位的面试通知，最后他参加了3个单位的面试，最终被一家用人单位正式聘用。

点评：适合自己才是最好的。如果收集信息时不注意实用性，漫天撒网，盲目求职，就会在就业信息中把握不住方向，找不到对自己有价值的信息。因此，收集就业信息要有针对性，注意取舍，不适合自己的信息要果断放弃。

（四）系统性原则

目前，大学生收集就业信息的途径很多，从而导致获取的信息常常是杂乱无章的。为此，要对获取的就业信息进行分析、整理、提炼，挑选出能客观、系统地反映当前就业市场、就业政策、就业动向的就业信息，提高求职的效率。

（五）计划性原则

毕业生在收集就业信息时，一方面，要根据自己收集信息的目的制订收集计划，防止收集的盲目性；另一方面，要确定自己收集信息的范围，这样才能做到有的放矢，增加求职的成功率。

三、收集就业信息的方法

毕业生收集就业信息主要有以下几种方法：

（一）全方位收集法

全方位收集法是指充分利用各种途径把与本人有关联的就业信息全部收集起来，然后按照一定的标准整理、筛选，以备使用。使用这种方法收集到的就业信息比较全面、广泛，但比较费时费力。

（二）定方向收集法

定方向收集法是指按照求职者的专业方向、结合其个人兴趣，以求职者欲就业的行业范围来收集相关的信息。这种收集方法结合求职者的职业能力和个人兴趣，便于其找到发挥其作用的单位和职业。当然，如果收集范围比较狭窄时，就会丧失别的求职机会。

（三）定区域收集法

定区域收集法是指根据毕业生择业的地域倾向性，按照地域收集求职信息。地域选择对一个人的职业发展很重要。毕业生要根据自己的实际情况，比如专业发展、家庭成员及个人今后发展方向等综合考量，做出合理的决策。

四、获取就业信息的渠道

目前,大学生获取就业信息渠道主要有以下几种:

(一)学校就业服务部门

学校就业服务部门是大学生获取就业信息的主渠道之一。学校就业服务部门的主要职责就是对毕业生进行就业政策宣传和就业指导,及时收集、整理、发布用人单位招聘信息,向用人单位推荐毕业生等。学校就业服务部门每年都会向用人单位输送毕业生,在和用人单位的长期合作中建立了良好的、相对稳定的供求关系,因此,学校就业服务部门提供的就业信息具有很强的针对性、权威性、可靠性。毕业生不仅要经常关注并浏览学校发布的就业信息,还要密切关注其他学校就业服务部门发布的就业信息。

案例 2-5

小王是安徽某职业技术学院一名即将毕业的大学生。最近,看到自己的同学纷纷和用人单位签订就业合同,小王有些坐不住了。于是,他就在各种招聘网站上搜索就业信息。连续几天,他都没有看到满意的招聘信息,心里非常着急。而他的同班同学小朱却神情自若,胸有成竹,手中早就握着几个单位的就业意向书,还有几家非常不错的用人单位通知他近期去面试。

小王和小朱所学的专业相同,学习成绩在班级都是名列前茅。为什么他们在求职的重要关头面临的境况会有这么大的差别呢?经过调查发现,他们获取就业信息的渠道不同。

小王只是简单地在一些求职网站搜索招聘信息,虽然这些网站发布的信息很多,但杂乱无章,针对性不强,因此收效甚微。小朱主要是从学校就业指导服务中心收集求职信息,针对性强,节省了大量的时间和精力。

(二)人际关系网

毕业生可以利用个人和家庭的各种人际关系获取相关就业信息。这种人际关系包括熟人、朋友、老师、同学、校友等。毕业生家长的亲朋好友在不同岗位上工作,对自己的工作单位了解得很透彻,提供的就业信息可靠性强。学校老师对相关行业和专业领域的发展情况等信息把握的比较准确,他们提供的信息具有针对性,更能满足学生对专业发展的要求。根据相关调查得知,利用人际关系成功就业的概率很高,大学毕业生要重视动用各种人脉资源获取就业信息。

 **案例 2-6**

小杨是安徽某职业技术学院的学生,他父母都是知识分子,家境较好,亲朋好友也比较多。小杨在学校很勤奋,各方面表现也不错,对于找工作,他父母想通过自己的人脉关系帮他找,但小杨有自己的想法,他觉得依赖父母靠关系、"走后门"替自己找工作显得没面子。因此,小杨在离毕业还有一年的时间就忙着准备自己的求职资料,在实习期间收集各类求职信息。父母经常打电话询问他找工作的进展如何,还告诉小杨已经跟几个亲戚朋友打了招呼,让小杨寄几份材料回来,让他们看一看。小杨总是告诉父母不要为他找工作的事情担心,他一定要凭自己的真本事找工作。然而,时间一天天过去,眼看就要毕业了,可小杨的工作还是没有着落,他感到面子上有点过不去。小杨心想,自己现在还是个学生,社会实践经验少,适应社会的能力还不强,可靠的求职信息资源也不多,也许确实高估自己了,父母说的话也不是没有道理,既然父母有这么好的资源,为什么不让父母出出主意,帮帮忙呢?

想到这些,小杨主动联系了自己的父母,把前一阶段时间找工作遇到的困难说给他们听。父亲安慰他说:"你这个专业找工作并不难,我们可以咨询亲朋好友的意见,他们有很多人在企业上班,信息资源多。我下周到南方出差,顺道去看望当地的亲戚朋友,你把求职材料拿给我,让他们看看,多了解你。"就这样,小杨父亲获得了许多有用的就业信息,收获颇丰。小杨的姑父在广州工作,满口答应说:"小杨学的专业在南方的就业机会很多,我一定会帮你联系的!"小杨父亲的一个好友在经营一家民办企业,他表示如果小杨真找不到工作可以到他公司来帮忙。这下,小杨心里有底了。不久,在亲朋好友的热心帮助下,他先后参加了好几家单位的面试,并在其父亲朋友的帮助下,最终与广州某家科技公司签约。

(三)人才现场招聘会

各地都会专门举办人才现场招聘会。为做好每年毕业生的就业工作,各高校会举办各类现场双选会或校园专场招聘会。由于这些招聘会是专门为毕业生组织的,具有很强的针对性,需求量也很大。毕业生可以通过招聘会与用人单位直接洽谈,相互了解情况。这一方式已成为大学生找到工作的主要途径。

(四)网络媒体

目前,随着信息技术的飞速发展,通过网络收集就业信息已经成为毕业生常用的途径之一。网络求职具有成本低、效率高、跨越时空限制等诸多的优势,给大学毕业生求职带来便捷。但需要注意的是,网络求职一定要慎重,要多方认证,确保信息的真实性,谨防上当受骗。

（五）社会实践、实习

参加社会实践、实习是大学生走向社会的一个很重要的锻炼环节,也是理论和实践相结合的具体体现。当前,很多用人单位都很重视大学生的社会实践、实习情况。大学生通过参加社会实践、实习等活动可以和用人单位直接接触,有助于深入了解用人单位。每年都有很多毕业生因在社会实践、实习过程中表现优秀而被用人单位留用。大学生应该利用参加社会实践和实习的机会,在提高思想觉悟、培养社会实践能力的同时,把握就业机会。

 案例 2-7

12月20日上午,一封来自某国产汽车公司事业部的快件寄到了安徽省某职业技术学院机械技术系办公室。打开一看,原来是一封关于李明明同学的留用协商函。

据该汽车公司反映,李明明同学于2019年8月30日进入该公司实习,实习期间,他工作态度好,工作能力强,工作业绩突出,责任心强,得到了公司领导的高度认可。现实习期即将结束,公司希望学校同意李明明同学以"实习＋就业"的形式继续留下来工作,直至其顺利毕业。

点评：招聘专家认为实习经历可为求职铺路。对于大学毕业生来说,实习是把理论知识应用于实践的重要环节,也是从学生到职业人角色转换、心理调适的重要阶段。在实习岗位的选择上,要注意实习的"含金量"：一种是要选择和自己所学专业密切相关的行业工作；另一种是跨专业实习,可以投身到目标行业的实习当中去,以弥补自身专业的不足。

近年来,大学生就业竞争激烈,毕业生承受的压力不断增加,但通过调查发现,参加过实习的学生有三成以上都能获得实习单位的留用机会,从而成功就业。因此,大学生在求学期间除了认真的完成课业之外,也应该珍惜外出实习的机会,为今后求职打下良好的基础。

五、就业信息的处理

（一）分析鉴别信息

由于收集信息的来源以及获取方式不尽相同,因此,获取的信息不一定准确、全面,这需要对信息进行分析和鉴别。要对收集到的信息运用对比、实地调查等方式进行多方面的探究,确保其真实可靠。

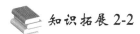知识拓展2-2

如何识别招聘信息真假

当今社会处于信息爆炸的时代,尤其是在网上求职找工作,很多信息真假难辨,下面我们就学习一下怎么分辨信息。

(1)求职时要注意信息的来源渠道,不管是网络还是传统信息都需要辨别来源,善于发现、利用权威可靠的正规媒体和网络平台,如利用百度信用查询去查询用工单位基本情况。谨慎对待街头各类"小广告""牛皮癣"类招工广告,尤其是对于那些以高薪为噱头的招工广告需要格外当心,谨防落入"高薪"诱惑的陷阱。正规的就业招聘信息,一般都会交代单位名称、所需岗位、用工要求、地址等具体内容。相反,各种虚假就业信息往往以高薪为诱饵,对单位、岗位等内容一掠而过,目的就是为了诱惑求职者上当。不同的岗位,政府人力资源社会保障网站有具体工种的工资指导价格,求职者可以查询,招聘信息中过高或过低的工资价格都需要谨慎对待。

(2)要尽量想办法熟悉当地的基本情况,既可以翻阅介绍资料,也可以向熟人询问,或者通过互联网查询,对自己想去的城市了解得越多、越详细,就越有好处。对有一定吸引力的招工广告内容,求职者还可以约老乡或朋友到现场探查,留意企业名称、地址、联系电话、周围的环境以及工作现场是否安全卫生、企业是否有营业执照、是否能够自由出入等基本情况。

(3)对以各种理由"保存"你的身份证及其他各种证件的雇主提高警惕。根据《中华人民共和国居民身份证法》第十五条第二款规定:"任何组织或者个人不得扣押居民身份证。但是,公安机关依照《中华人民共和国刑事诉讼法》执行监视居住强制措施的情形除外。"

(4)不要轻易交纳求职费用。在一些非正规的职介所里,收费项目繁多,如报名费、体检费、抵押金等。求职时要查看职介所的相关资质,如有没有人力资源许可证。尽量去正规的人才市场寻找招聘机会。

求职者要弄清职业介绍的缴费标准和规定,不能随便的交费,并且有权拒绝各种不合理收费。有些私人职介所,花言巧语说服求职者,许诺可以找到工资很高的工作,然后收取定金、介绍费和手续费。等到过几天求职者再来找他们时，他们已经卷款逃之夭夭了。这些骗子是"打一枪换一个地方"，连他们用的姓名都是假的，几乎没办法找到他们。

（5）在求职或面试过程中，对以各种理由让你缴纳"入职押金"或临时"保管"手机、钱物等情况，需要仔细甄别。《中华人民共和国劳动合同法》第九条规定："用人单位招用劳动者，不得扣押劳动者的居民身份证和其他证件，不得要求劳动者提供担保或者以其他名义向劳动者收取财物。"

（资料来源：烟台网警巡查执法．简单的5招教你识破虚假招聘信息［OB/OL］．(2019-07-23).https://www.toutiao.com/a6716739859353960973.）

（二）分类整理信息

毕业生应该根据自己的实际情况，对收集到的就业信息进行有目的、有针对性地分类整理。可以按照招聘岗位的不同、本校本专业在社会上的需求情况、用人单位信息等内容进行分类整理。

（三）提炼有用信息

根据自己的实际情况和择业标准，进一步对分类整理好的信息进行提炼加工。即便是真实可靠的信息，也不一定适合自己的求职需求，毕业生要根据自己的个性特点、发展前景等从中选出重点想应聘的单位，或者按照重要程度进行编码排列，对重点单位的信息进行细致入微的分析，挖掘其潜在信息。这样才能使获取的信息具有真实性、准确性和有效性，提高就业的成功率。

第二节　求职材料的准备

求职材料，是求职者在求职过程中，为能成功就业而向用人单位提供的能集中体现个人综合信息的书面材料。大学生通过材料展示，可以让用人单位了解自己、认识自己，从而为自己争取下一步的面试机会。所以，准备一份有吸引力的求职材料对于能否顺利找到合适的工作起着非常重要的作用。

一、制作求职材料应遵循的原则

求职材料就如一个人的颜面,通过求职材料能看出求职者的态度和个人的基本素养和能力。要想制作一份好的求职材料,应该遵循以下几个原则:

(一)精心设计

一份漂亮的简历可以吸引用人单位对求职者的兴趣,提高求职的成功率。在版面设计上,要认真排版,字体选用要得当,纸张大小合适(如 A4 纸大小),让人看上去赏心悦目。

(二)语言简明

简历贵在"简"。所谓简历,就是通过简洁的文字让用人单位最大限度地认识和了解自己。根据相关研究表明,招聘人员在阅读一份简历时,用时一般不会超过 30 秒。因此,制作简历时,语言务必要简洁明了,切记不可啰嗦,词不达意。

(三)重点突出

求职简历务必做到详略得当、重点突出,要让用人单位迅速地看到你的基本情况。切忌洋洋洒洒、面面俱到、没有重点。因此,制作简历时,内容要有针对性,要紧扣岗位要求,围绕求职意向,让招聘人员快速检索到有用的信息。

(四)新颖别致

要想吸引招聘人员对求职者的兴趣,毕业生在制作求职简历时要避免千篇一律,要结合个人的特点,突出个人优势,做到构思巧妙、新颖别致,让自己的简历从众多的求职者中脱颖而出。需要强调的是,追求新颖别致也要适度,不能为了追求新颖而"剑走偏锋"。

二、求职材料的构成

一般来说,毕业生求职材料主要包括自荐的书面材料和其他辅助材料。其中自荐书面材料包括:个人简历、求职信、学习成绩单、各种证书、就业推荐表或推荐信、参加社会实践或毕业实践的鉴定材料、有关科研成果证明以及在期刊上发表的文章等。其他辅助材料主要是针对动漫制作等特殊专业或能体现个人专业特长的音像视频资料。

三、简历的制作

(一)简历的概念及作用

简历是求职者把自己的简要经历提供给用人单位看的书面介绍。从个人简历中,可以看出求职者性格、兴趣爱好、学习成绩、能力等方面的综合表现。它是用人单位对求职者进行分析、鉴别、筛选,决定是否录用应聘者的重要依据。一份好的简历,可以引起用人单位的注意,给用人单位留下好的印象,可以让求职者在众多求职简历中脱颖而出,从而决定求职者能否进入下一轮的面试。

(二)简历的基本内容

简历的基本内容一般主要包括以下几个方面:

1. 个人的基本情况

主要包括姓名、联系电话、电子邮箱、联系地址、政治面貌、照片、性别、出生日期、籍贯、民族、健康状况、婚姻状况、兴趣爱好、所学专业等。

一般情况下,个人的基本信息只填写姓名、联系电话、电子邮箱、联系地址、政治面貌这几项。如果填写过多的个人信息,一方面,容易透露自己的隐私,给自己带来安全隐患;另一方面,过多的个人信息容易分散招聘人员的注意力,甚至会让人产生反感。

例如,把姓名放在简历最显眼的位置并且通过放大字号等方式,形成视觉冲击力,从而给招聘人员留下深刻的印象。把联系方式(电话、地址、电子邮箱)放在名字的下方,这样显得简洁又美观。性别、年龄、婚姻状况等可以根据求职岗位的要求灵活填写。

知识拓展 2-3

个人基本情况的写法

李 × ×

安徽省阜阳市×××路×××号××××学院××号楼×××(236000)

联系方式:×××××××× E-mail:××××.com

照片

2. 求职意向

求职意向应直接表达出求职的目的和动机,从而使对方一目了然,不必花费时间去猜测你寄发简历的意图。求职者要结合自己的爱好和专业特长等选择求职目标。

求职意向要有针对性,切忌写得过于笼统和宽泛。不同的岗位,由于职责不同,对求职者的要求也会不同,如果写得过多,就难以突出优势,减少求职成功的机会。如果有多个求职目标,可以分别针对岗位特点撰写不同的简历。

3. 教育背景

教育背景主要是大学阶段的简单经历,主要介绍学习情况和担任社会工作的经历等。教育背景不必面面俱到,但要突出重点、有针对性。如果用人单位对成绩感兴趣,可以提供成绩单、所获奖学金证书、与求职目标相关的培训及证书等。

教育背景既可以按照时间的先后顺序写,也可以倒叙,即把较高层次的学历放到上面。对于应届毕业生,大学以下的教育层次可以省略。对于高职毕业生来说,学历在求职中处于劣势,可以把教育背景放在实习实践经历后。如果所学专业和求职意向一致,可以不列在校所学课程;如果要列,可以选择几门主干课程列上去。

知识拓展 2-4

教育背景的写法

教育背景
2016.09—2019.07　×××职业技术学院　工商企业管理　大专
主修课程
商务沟通与技巧、管理基础与实务、商务礼仪

---

4. 实践经历

实践经历包括实习、社会实践、志愿者工作、学生会工作、团委工作、社团等其他活动。

高职高专院校毕业生的实践经历是其求职的优势。因此,在个人简历中要把是实践经历作为重中之重,这样可以增加简历的含金量。撰写实践经历时,首先应该具有针对性,要围绕求职岗位的要求;其次,要重点写自己在实践中主要做了什

么,取得了什么成效,提高了哪些技能,有哪些收获。比如"在公司财务统计期间,我优化了10套报表模板,并向公司建议剔除了6项重复统计,提高了效率"。这样就能看出你做事仔细认真的特点。

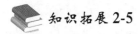知识拓展2-5

实践经历的写法

2018.9—2019.7　安徽××大学××学院外联部　部长

（1）通过电话联系和面谈的方式,一周内为学校"迎新生"文艺演出拉到1300元赞助费和音响设备。

（2）组织部里6名干事为"校园文化节"活动拉赞助,两周内通过电话和电子邮件联系,并拜访16家公司,最后与××练歌房签下合作协议,由其赞助16张会员卡和100张免费练歌券。

（3）成功组织多场讲座、师生联谊舞会等活动,组织干事协同其他部门有效地开展工作,协助历时两个月的"校园文化节"取得圆满成功。

5．技能与特长

主要包括外语、计算机水平、专业技能掌握的情况等。

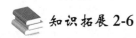知识拓展2-6

技能与特长的写法

（1）拥有会计从业资格证、初级会计师证。

（2）财务会计类工作的实际操作能力强,能熟练使用财务软件。

（3）计算机二级,能熟练使用office、excel、word等软件的操作。

（4）英语四级,具有良好的英语听说读写能力。

6．奖励和荣誉

包括三好学生、优秀团员、优秀学生干部、奖学金等荣誉。

所获奖励和荣誉可以按照时间顺序写,也可以按照所获奖项的重要性进行排列顺序。如果奖励和荣誉比较多,可以围绕求职岗位的特点,列举相关奖励和荣誉,把不重要的信息省略。

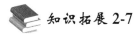

知识拓展 2-7

奖励和荣誉的写法

(1) 2018 年获得安徽省大学生职业生涯规划大赛银奖。
(2) 2018 学年获得校园十大歌手比赛第二名。
(3) 2019 学年获得国家奖学金(全校仅 16 人)。
(4) 2019 学年荣获校级三好学生。

7. 自我评价

即自己的个性特点以及在大学阶段的表现。写自我评价的目的是为了突出自己的优势与应聘岗位的要求相符合,因此,自我评价应该扬长避短,要结合岗位需求突出自己的闪光点。同时,自我评价应客观真实,不要有虚假成分,比如过分夸大自己的能力、优点等,也不要随便写一些自己并不具备的能力。另外,自我评价篇幅不要过长,要言简意赅,如实反映自己的性格特点和专业能力即可。

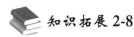

知识拓展 2-8

自我评价

本人有比较扎实的专业理论知识,学习能力强,能在专业领域提出自己的独到见解,能吃苦耐劳,具有较强的动手能力。为人诚信开朗,勤奋务实,有较强的适应能力和协调能力,工作责任心强,热爱集体,助人为乐,能恪守以大局为重的原则,愿意服从集体利益的需要,具备奉献精神。

（三）简历范例

 案例 2-8　简历模板

个 人 简 历

张××

毕业院校：××学院　　　政治面貌：预备党员

联系方式：×××××××　　E‑mail：××××.com　　照片

邮寄地址：××学院××信箱　邮编：××××

教育背景

××学院 2017.9—2020.7　护理专业

主要专业课程

人体解剖学、生理学、医学伦理学、心理学、病因学、药物治疗学、诊断学基础、护理学基础、急重症护理、内外科护理学、妇儿科护理学、精神护理学。

选修课程

演讲与口才、大学生心理健康。

基本技能

- 英语水平：具备基本听、说、读、写能力。通过大学英语四级考试。
- 计算机水平：通过计算机三级考试。
- 普通话水平：二级甲等。
- 护士资格证。

求职意向

医院护理工作。

兼职经历或工作经历

2017—2018 学年

- 主持××学院首届网络歌手大赛颁奖晚会；
- 负责举办××学院首届大学生创业论坛；
- 组织人文与管理学院共建新农村社会实践服务团，获得市社会实践先进团体。

2018—2019 学年

- 任××学院学生会主席，负责学院各方面活动；
- 负责举办 2018 年××医学院主持人大赛；

- 负责举办××学院模拟招聘会;
- 负责举办2019届毕业生系列活动;
- 2019年暑假,进入××人民医院实习。

所获奖励
- 2017—2018学年:安徽省大学生篮球赛第一名(高职组);
- 2017—2018学年:获得校团委"学习之星";
- 2017—2018学年:校级一等奖学金;
- 2018—2019学年:校级优秀学生干部;
- 2018—2019学年:国家励志奖学金;
- 2018—2019学年:安徽省大学生创新创业大赛第三名。

个人评价

热情、性格活泼开朗的我,心理素质好,乐观向上、为人真诚、坦率,能吃苦耐劳,有较强的适应能力和自学能力,有一定的团队领导能力和协作能力。大学的历练让我对团学工作有了充分透彻的认识,我相信我能很快融入护士这个崭新的角色,为医院护理工作做出自己的努力。

知识拓展2-9

个人简历"十不要"

简历对一个人的求职至关重要。在制作简历的时候最好遵循"十不要"原则,这样才能为你的简历增加成功的概率。

(1) 不要出现表象的错误。准备简历时不要试着在打印纸上省钱,要使用优质纸张(比如专门的简历用纸)而不要只用劣质的复印纸。检查简历上是否有错别字,病句或不应有的污迹。

(2) 不要缩排字号。如果一页纸写不下你的所有工作经历,那就创建一份足以列下你所有的工作经验和技能的简历吧。不要缩排字号,这样会使你的简历变得不易阅读。

(3) 不要在简历中说谎。不管你过去是否曾被解聘或者频繁地换工作,或者只有一些低层职位的工作经验,千万不要试图在你的简历中修改日期或标题来掩饰真相,一旦你未来的老板试图核实你的背景资料并发现你在说谎时，你只能与这份工作说"拜拜"了。

（4）不要以弱敌强。如果你缺乏与正在申请的职位相关的工作经验，那么就不要使用年代式的经历。不妨试试功能式或技巧式的简历格式，这样你可以把与此职位最相关的经验和技能放在最醒目的位置。

（5）不要简单学舌。要说明自己的工作能力，仅仅把招聘公司的工作职位说明拷贝到简历中，再加上自己说明的是远远不够的。你可以列出特殊的工作技能、获奖情况等，以此证明你比竞争者更适合这个职位。

（6）不要使用任何借口。以往的工作离职原因无需在简历中说明。所谓的"公司领导换人""老板没有人情味"或者"赚钱太少"这类话是绝对不应该出现在个人简历中的。

（7）不要不分巨细地罗列所有工作经验。虽说你可以呈递篇幅超过两页纸以上的简历，但是要注意不要罗列所有的大小工作经验。人力资源经理们最关心的是你近10年来的工作情况，所以应将简历重点放在你最近和最相关的工作经验的说明上。

（8）不要不分对象盲目出手。千万不要准备一份简历然后就照着人才市场报上的地址给每个招聘公司都发一套。在申请一个职位之前，先判断一下自己是否合乎他们的要求。仔细阅读一下招聘广告，如果觉得自己不适合这份工作，就不要无谓地浪费你的时间和金钱了。

（9）不要夹带多余的资料。发送简历时，除非招聘公司有特别的说明，否则最好不要附带成绩单、推荐信或获奖证书等附加资料。如果你被通知面试，你应该带上这些资料以备出示。

（10）不要涉及太多个人信息。你无需在简历中说明太多个人信息，比如婚姻状况、个人年龄、家庭情况及个人爱好等。

（资料来源：瑞文网.个人简历十不要[EB/OL].(2018-10-09).http://www.ruiwen.com/jianli/1972904.）

三、求职信的撰写与制作

（一）求职信的概念及作用

求职信，又叫自荐信或自我推荐书，是求职人向用人单位介绍自己情况以求录用的专用性文书。求职信是求职者和用人单位沟通的桥梁。好的求职信能吸引招聘人员的注意,给对方留下深刻的印象,从而增加获得面试的机会。

(二) 求职信的格式

1. 称呼

这是对招聘人员或收件人的呼语。呼语应得体礼貌,一般以"尊敬的先生/女士"或"尊敬的领导"等最为常见。

2. 正文

这是求职的中心部分,一般要包括求职信息的来源和求职意向、本人基本情况等。

(1) 求职信息的来源和求职意向。要写明你是如何获取该用人单位信息的,你要应聘的岗位是什么。

知识拓展 2-10

求职信息的来源和求职意向

我是×××大学信息与电子工程学系信息与通信工程专业毕业生×××。××年××月××日,从贵公司的网站上了解到贵公司正在进行人员招聘,我对贵公司关注已久,十分希望到贵公司技术部就职,希望与贵公司的同事们携手并肩,共创事业辉煌。

(2) 本人的基本情况。可以简单写一下对应聘单位和应聘岗位的认识,然后着重介绍个人的求职资格和工作能力等,以证明自己符合应聘岗位的要求,尤其要特别指出自己能为用人单位带来什么益处。

知识拓展 2-11

本人的基本情况

我非常喜欢从事商务秘书工作。在大学三年中,我系统学习和掌握了日常行政公文的写作、秘书学、国际金融、设备文书和现代汉语等知识并全面了解了会计原理、中国文学史等知识。具有对计算机办公软件的操作能力以及秘书工作能力。同时我积极参加各种活动和社会实践,组织、策划和协调能力都有较大的提高。

现在,我不仅具有本专业需要掌握的较强的语言文字表达能力、较强的公关办事能力、基本的管理能力和办公软件的操作能力外,还能熟练掌握计算机的基本操作。可以让我更快成为一名专业的商务秘书。

3. 结尾

一般应写明希望对方给予答复,并盼望能有机会参加面试以及祝福语。最后是署名和日期。

 知识拓展 2-12

结尾

以上描述就是我的基本情况,我对贵公司进行了深入了解,认为贵公司很适合我,如果有幸能成为贵公司的一员,自己一定能得到很大的发展空间,并且能取得很大的成功,希望贵单位能给予我一个走向成功的机会。

祝你生活愉快!

此致

敬礼!

×××

××年××月××日

 案例 2-9 求职信模板

求职信

尊敬的领导:

您好!

感谢您能抽出宝贵的时间来看我的自荐信,您的信任就是我的动力!

我叫张××,现就读于××学院××系××专业。普通的院校,普通的我,却拥有一颗不甘于平凡的心。

现在我怀着平静而又激动的心情呈上这份自荐书。平静,缘于我的知识和能力不会让你们失望,将无愧于您的选择;激动,则是我期待以无悔的青春走到你们中间,实现共同辉煌的决心。在这里,我不能向您出示任何有权威人士的推荐书来为我谋得职业,也拿不出一摞摞的获奖证书来作为我的筹码,只能凭自己十几年来刻苦学习的结果和吃苦耐劳的本性来作为我的奠基石。年轻是我的本钱,拼搏是我的天性,努力是我的责任,我坚信,成功定会成为必然。

我,自信,乐观,敢于迎接一切挑战。

三年的大学生活,我勤奋刻苦,力求向上,努力学习,掌握了外贸、营销、金融等专业知识,具备自学以及分析,解决问题的能力,这些都使我能尽快地适应贵公司分配的工作任务。

课余时间积极地去拓宽自己的知识面,同时也深深明白"实践是检验真理的唯一标准"这一道理,从而积极参加学校的各种活动和学生工作;作为寝室长,为我们的寝室连夺两年"校文明寝室"称号;作为社团社长,带领本社团在全校40多个社团中脱颖而出,取得综合排名第11位的成绩;作为学院文体部部长,工作表现突出,保证学院师生丰富多彩的课余生活。在这些实践工作中,不仅使我具备了一定的工作能力,更重要的是每次面对新的工作环境,我都会较快地适应下来,实现角色的转换。如今站在新的起点上,有无数的机会,更有种种的竞争与考验,而作为正要跨出校门、迈向社会的大学生,我以满腔的热情与信心去迎接这一切。

三年的学习生活,铸就了我勤奋诚实,坚忍不拔,积极热情的性格,培养了我拼搏向上的精神,提高了判断、策划、协调等多方面能力,为自己注入了全新的营养,为今后的工作打下了良好的基础。

十年磨一剑,霜刃未曾试。我坚信:路是一步一步走出来的。只有脚踏实地,努力工作,才能做出更出色的成绩!

天道酬勤,我的人生信条是"人生在勤,不索何获"。给我一次机会,我会尽职尽责。

一个人唯有把所擅长的技能投入到社会中才能使自我价值得以实现。别人不愿做的,我会义不容辞的做好;别人能做到的,我会尽最大努力做到更好!我的努力+您的信任=明天的成就,我愿与贵单位同事携手共进,共创辉煌!

感谢您在百忙之中读完我的求职简历并予以考虑,真切希望能够融入你们之中去开创属于我们的未来。诚祝事业蒸蒸日上!

回函是盼,恭候佳音!

此致

敬礼!

自荐人:×××
××年××月××日

四、毕业生就业推荐表

(一)毕业生就业推荐表的作用

毕业生就业推荐表是由省级教育主管部门监制,学校正式向用人单位推荐毕业生的书面材料,需要经过毕业生所在院系和所在高校审核并加盖公章,具有较高的权威性和可信度。毕业生就业推荐表所填内容反映了毕业生的个人条件和专业特长等基本素质,是用人单位选择人才的重要依据,直接关系毕业生的切身利益。就业推荐表一般有如下作用:

(1)它是毕业生具有就业资格的证明文件,只有国家计划内招收的毕业生才有资格领取毕业生推荐表。

(2)它是毕业生申请户口、报考公务员等的必备资料。

(3)它是学校向用人单位推荐毕业生的正式书面材料。

(二)毕业生就业推荐表的内容

毕业生就业推荐表的内容一般由以下几个部分组成:

(1)毕业生本人的基本情况。包括个人基本信息、学习成绩、奖惩情况、专业技能特长、社会实践经历、自我评价等方面内容。

(2)毕业生所在班级小组的评价意见。班级成立评议小组,由评议小组组长根据毕业生情况审核推荐表并填写评语和签字。

(3)辅导员/班主任的评价意见,由毕业生辅导员/班主任根据毕业生情况审核推荐表并填写评语和签字。

(4)毕业生所在院系的推荐意见,由毕业生所在院系审核并盖章。

(5)毕业生所在学校就业主管部门的推荐意见,由学校就业指导服务中心审核并盖章。

(三)毕业生就业推荐表填写注意事项

(1)毕业生就业推荐表要用黑色钢笔或黑色签字笔填写,填写时认真,字迹要工整、清楚,语言简洁,语句通顺。

(2)毕业生就业推荐表要根据自己情况如实填写,不能弄虚作假,如果伪造各种虚假信息,毕业生本人要承担相应的责任。

(3)每位毕业生要注意保存好毕业生就业推荐表原件,应聘时可以先提交复印件,在与用人单位达成就业录用意向后,再向用人单位提交原件。

(4)审核盖章后的毕业生就业推荐表不能修改,如需修改,请携带原毕业生就业推荐表联系学校就业指导服务中心的就业辅导老师,待换取新的推荐表后,重新填写、提交、审核。

第三节　就业心理准备

案例 2-10

锲而不舍终获成功

小陈是安徽某职业技术学院一名双优生,毕业后,他去了几家公司应聘,但由于种种原因都没有成功。一次,他看到安徽一家有名的广告公司招聘"企划文案"人员的信息,小陈感觉自己各方面很适合这个岗位要求,但唯一遗憾的是小陈只有专科学历,而招聘要求是本科以上学历。面对求职的压力,小陈还是抱着试试看的想法前去应聘了。

他来到这家公司把自己的求职材料拿给应聘人员看,应聘人员看后还是婉言拒绝了他。从公司出来后,小陈抬头望着该广告公司在阳光下熠熠生辉的铜字标志,心里充满着失望和无奈。但小陈是个不轻易放弃的小伙子,回到家后,他开始通过网络等方式查找资料,功夫不负有心人,最后终于查到了这家公司总经理的名字和联系方式。

打通公司总经理的电话后,小陈直截了当地说:"总经理,我是来贵公司应聘的,我虽然只有大专学历,但我非常自信能胜任这份工作,请总经理能给我一次机会。"听了小陈的话,总经理思考了一下,然后说:"你如果真的觉得自己能胜任这个工作,就过来试试吧。请你直接与我们人事主管联系。"

第二天上午,小陈来到了这家公司并找到了人事主管。在自我介绍后,小陈诚恳地说道:"我虽然是大专学历,但我有从事企划文案工作的实习经历,在实习期间表现优秀,被评为优秀实习生,我相信我一定能胜任贵公司岗位要求。"人事主管面有难色地说:"很抱歉,陈先生,从你的表现来看,你确实很不错,对你的能力我也很认可,但我们的招聘要求是本科以上学历,你的学历不符合我们的要求,很不好意思。"

看到人事主管的态度,小陈感觉到失望和无助,当他决定起身离去时,他还是鼓起勇气说道:"我觉得学历代表的仅仅是一个人的学习经历,它并不能完全和一个人的能力画等号。我理解贵公司的规定,但规定毕竟也是人定的。我相信贵公司要的是能为公司谋利益的人才,而不仅仅是本科学历。"

面对小陈诚恳的目光,再加上这番诚恳的话,人事主管似乎动摇了,他稍稍停顿了一下说:"请你稍等一下。"随后就拿着小陈的求职材料走向了总经理的办公室。

小陈等了五分钟左右,他知道那边总经理办公室内正在进行的谈话将决定他的命运。最终,人事主管微笑着告诉小陈:"年轻人,就冲你这份勇气,你被录用了,试用期为三个月。"

小陈心中真是喜出望外,心里的有说不出的兴奋和激动。他紧紧握着人事主管的手说:"真是太感谢了!我一定会加倍珍惜这个来之不易的机会,我会努力工作的。"

这次求职的成功确实非常难得,小陈在后来的日子里也确实成为该公司的一名优秀员工。

点评:小陈最终以自己锲而不舍的精神为自己找到理想的工作,这说明只有不怕失败,拥有良好的心理素质,才能在求职过程中获得更多机会。

一、心理素质对求职的影响

心理素质在大学毕业生择业过程中起着至关重要的作用。良好的心理素质可以使大学生在择业期间保持平稳的心态,从而在择业过程中能够冷静地做出决策,提高就业成功率。然而,目前高校毕业生就业形势严峻,大学生在激烈的求职竞争中容易产生心理障碍,如人际交往障碍、情绪障碍,人格障碍等。在社会普遍追求高学历的环境下,高职高专院校毕业生在求职过程中也必将面临更多的问题。社会、高校、家长都应该关注大学毕业生的心理问题,帮助他们树立信心,顺利实现就业。心理素质对求职的影响主要表现在以下几个方面:

(一)对确定求职目标的影响

心理素质对毕业生求职目标产生重要的影响。目前的大学毕业生,很多为独生子女,他们从小在父母的溺爱中成长,缺少吃苦精神,承受挫折的能力不强,受个人主义、享乐主义等不良社会风气的影响,人生价值观容易出现偏差。他们对自我认知不客观,职业定位不准确,在确定求职目标时,往往盲目追求"在大城市""图清闲"等,导致就业难。

（二）对求职目标实现过程的影响

大学毕业生的求职过程从某方面来说就是向用人单位推销自己、充分展示自己的过程。新时代背景下，用人单位不仅仅需要专业技能型人才，更需要具有工匠精神、团结合作以及具备良好心理素质的员工。目前，用人单位在招聘过程中也加重了对应聘者心理素质的考核。在求职过程中，将会遇到地域与家庭、专业与兴趣、个人与社会等矛盾，良好的心理素质可以帮助求职者在遇到这些复杂情况时及时调整情绪，冷静思考，做出合理的决策。

（三）对实现求职目标的影响

良好的心理素质有助于求职者清晰地认识自我，正视现实，采取积极的态度从容面对求职路上的问题。尽管目前求职形势严峻，但摆在我们面前的求职机会也很多。毕业生拥有良好的心理素质，可以最大化激发他们的潜能，发挥优势，有助于求职目标的顺利实现。

 知识拓展 2-13

成功者应具备的心理素质

1. 社会影响力

有以正直和公正为基础的说服力，有使他人发展和合作的精神，有一致性和耐力。善于沟通和交流，具有自信心、幽默等对情感的感染力，仔细、镇静、沉着等对行为的影响力，仪表、身姿等对视觉的影响力，忠诚和正直等对道德品德的感染力。

2. 进取心与责任心

进取心是使个体具有"目标"指向性和适度活力的内部能源，认真而持久的工作是个体事业"成功"的前提，而具有进取特质的个体也就具有了职业成功的心理基石。责任心强的人常能够审时度势地选择目标，并持久"自信"地追求这个目标，责任心强的人事业容易成功。

3. 自信心

自信为个体在逆境中开拓创新提供了信心和勇气，也为怀疑和批评提供了信心和勇气，自信常常使人梦想成真。没有信心的人会变得平庸、怯懦、顺从。喜欢挑战、战胜"失败"、突破逆境是自信心强的特点。

4. 自我力量感

虽然人的能力存在差别，但只要个体不存在智力问题，再加上善于总结经验、教训，善于改进方法和策略，那么，经过主观努力之后，许多事情是能够完成的。因此，可以把成功和失败归因于努力水平的高低和工作方法的优劣。

5. 自我认识自我调节

了解自己的优势和短处，妥善处理与组织环境的关系，善于调节自己的生涯规划、学习时间等。

6. 情绪稳定性

稳定的情绪对技术性工作有预测力。冷静、稳定的情绪状态为工作提供了适度的激情。焦虑和抑郁会使人无端紧张、烦恼或无力，恐惧和急躁易使人忙中出乱。

7. 社会敏感性

社会敏感性是指对人际交往性质和发展趋势的洞察力和预见力，善于把握人际交往间的逻辑关系。行动之前要思考行为的结果，要换位思考，设身处地的想一想他人处境，善于与人交往。

8. 社会接纳性

在承认人人有差别和有不足的前提下接纳他人，社会接纳性是在建立深厚的个人关系的基础上，对他人真诚，认真倾听对方的意见与想法。

二、大学生常见的求职择业心理误区

（一）期望值过高

案例 2-11

小周是会计专业的应届毕业生，学习成绩不错，担任过学生会主席。谈到求职期望时，小周列出了以下几个条件：① 月薪不低于 8000 元；② 一定要在一线大城市找工作；③ 单位提供单身住房；④ 住房公积金、劳动保险、养老保险等相关支出均由公司负担；⑤ 每周工作不超过 4 天，每天工作不超过 8 个小时；⑥ 从事财会工作。小周在长达半年的求职过程中，没有一家单位能满足他的求职要求，看到其他同学纷纷和用人单位签约,自己的工作至今仍然没有着落,内心感到非常失落。

大学生社会阅历少,往往对当前严峻的就业形势、就业环境认识不足,对就业的期望值过高。不少大学毕业生不顾自身条件的限制,眼睛只盯着"好地方""好工作""好单位",不愿意下基层,不顾自己的兴趣爱好,只求收入高、待遇好的工作,对于该工作能不能胜任、是否适合自己、发展空间如何都缺乏考虑。有的毕业生甚至有"不理想的工作不去,宁愿等一等"的念头。

(二)急功近利心理

案例 2-12

小王同学是安徽蚌埠某医学院药学专业的应届毕业生。临近毕业他还未落实工作单位。后来刚好蚌埠有一家制药厂因其专业对口且是当地人,准备录用他,然而他本人的择业意向是:单位薪资高才行,至于到什么单位、具体做什么工作都无关紧要,除此以外,什么单位都不考虑。在这种心态下,他自然难以找到合适的工作。

有什么样的思想认识,往往就会有什么样的价值追求和行为状态。部分毕业生求职时宁可放弃能发挥自己特长、实现自我价值的工作,只顾眼前利益,心浮气躁、急于求成,把功利放在首位。据调查发现,在面试过程中,对工资福利待遇要求高的求职者,容易遭到用人单位的拒绝。事实证明,即便他们获得了一时的利益,但想获得长足进步就很难了。

(三)贪图安逸心理

案例 2-13

某高职院校的小吴同学是市场营销专业的应届毕业生,父母经济收入不多,家庭条件不好。小吴希望自己将来能找到一个清闲又体面的工作。毕业后,他经熟人推荐,在一家公司做销售工作。干了几个月,小吴就提出了辞职申请,理由就是销售每天要做大量的工作,太辛苦了。他一心想找一份比较清闲的工作,哪怕工资待遇不高,坚决不愿意再做销售工作。

当前,不少大学毕业生不是就业困难,而是"有业不就"。有很多单位到高校来招人,但很多大学生看不上这些工作单位。不少"00后"毕业生希望获得一份具有稳定收入且舒适清闲的工作,显然这样的岗位是很有限的。这样的择业心理会导致结构性的就业矛盾,一方面大学生找不到工作,另一方面一些急需人才的用人单位招不到合适的人才。

（四）盲目从众心理

案例 2-14

应届毕业生小张专业技术能力不错。一次,学校举行双选会,小张表现突出,经过层层选拔,击败了很多前来参加的应聘者,幸运地被某知名企业录用。据了解,这家企业福利待遇高、个人发展空间大。然而,令人惊奇的是小张最终并没有选择在这家知名企业上班,而是选择了一家和自己专业不相关的非常普通的小企业就业。小张给出的理由是这家知名企业没有自己认识的熟人,感觉很孤单,而之所以选择在这家普通的企业上班是因为这里有很多认识的朋友。

部分大学生对自身的性格、能力、特长认识不足,不了解自己的优势和劣势,在择业时容易受他人的干扰,没有主见,容易接受他人暗示,盲目跟风,表现出较强的从众心理倾向。择业时的盲目从众心理会导致就业质量不高,严重影响个人的职业发展和自我价值的实现。大学生在择业时应该综合考虑自身条件、个人喜好等因素,在认真分析主客观条件的基础上选择适合自己的职业。

（五）攀比心理

案例 2-15

某职业技术学院的小王同学是工程造价专业的应届毕业生。他在同学中称得上是佼佼者:担任过学生会主席,策划组织过不少学校的大型活动,获得过国家奖学金和省级职业技能大赛一等奖。求职季节刚开始的时候,他看到许多同学都找到了称心如意的工作。他认为以自己的条件,应该能找到非常不错的工作,至少要比其他同学工资高、地理位置好。在求职期间,有不少建筑单位相中了他,但他总觉得这些单位开出的薪资太低,以自己的条件应该能找到更好的工作,于是一一回绝。现在,小王同学仍然没有找到自己满意的工作。根据调查得知,每年都有不少各方面素质能力都较强的优秀学生由于相互攀比而错过最佳求职时机。

在择业时,大学生之间相互攀比现象时有发生,他们过于追求虚荣,互相攀比,比如,看谁选择了工资福利待遇好的单位,谁又去了地理位置好的大城市或层次比较高的部门,都不愿意到需要大量人才的偏远基层就业。在种种攀比心理的驱使下,最终只能在"高处不胜寒"的日子中体会孤独和清高,延误了就业时间,错失良好的就业机会。

（六）犹豫不决心理

 **案例 2-16**

小伟是一名某职业院校计算机专业的应届毕业生，他学习勤奋，专业基础知识扎实，有社会实践经验。刚踏入社会的小伟踌躇满志，认为一定能找到一份自己喜欢的工作。然而几个月过去了，小伟还没找到理想的工作，感觉很迷茫。刚开始，他想选择IT行业，因为这个行业的福利待遇高，发展前景也很好。但是该行业就业竞争力非常大，就业门槛比较高。小伟当时很犹豫，认为自己专科学历，竞争力太低，但又不甘心放弃。于是，他投出几份简历后，就开始等待。在等待的过程中，有一家新生企业（非IT行业）看中了他的综合能力，决定聘用他，福利待遇也不错。为此，他举棋不定。不久，又有一家互联网上市公司通知他去面试。去新生企业当部门经理，高薪，但势必要放弃自己的专业；去互联网公司，他又担心自己无法胜任，因为目前很多企业都要求应聘者具有市场开发能力，营销经验等，他担心自己会被淘汰。为此，他犹豫不决，不知道该怎么选择。就在他好不容易做出决定，准备去面试的时候，那两家企业都告诉他，他们的招聘计划已满。小伟就在犹豫不决中错失了求职的机会。

部分大学生对自己的职业定位不准确，不能清晰地判断自己的能力，对自己能否胜任新的工作信心不足，担心失败，心理承受能力较差。他们在求职时，表现出优柔寡断，举棋不定，甚至"脚踩几只船"的现象。由于在择业中缺乏果敢决策的勇气，最终让自己在求职中处于不利局面。

三、求职过程中常见的心理问题

近年来，高职高专院校毕业生就业形势严峻是一个不争的事实。由于高校大规模的扩招，毕业生人数急剧增加，而社会提供的就业岗位有限，就业难度加大。不少高职高专院校毕业生在求职时心理压力较大，容易产生心理障碍，如果不及时对其进行疏导，可能会影响其心理健康。毕业生在择业时常见的心理问题主要有以下几种：

（一）自卑

 **案例 2-17**

小赵是某高职院校的应届毕业生，在校表现非常好，还获得过国家励志奖学金。毕业前夕，他把自己精心准备的简历和求职信投递给一家公司。不久，小赵接到了该公司的面试通知。他非常想得到这份工作，为此他还在家反复进行了模拟面试。面试当天，小赵打听到这次应聘非常激烈，应聘的岗位只招 6 个人，来参加面试的有 30 多个人，并且参加应聘的大多拥有本科学历或研究生学历。小赵是大专学历，他觉得自己和竞争对手差距太大，心里感到十分紧张和不安。面试过程中，小赵由于过度紧张，导致回答问题时语无伦次，眼睛不敢正视考官，甚至有时答非所问，最后面试以失败告终。

自卑心理表现为对自己缺乏一种正确的认识，在交往中缺乏自信，办事无胆量，畏首畏尾，随声附和，没有自己的主见，一遇到有错误的事情就以为是自己不好。自卑是一种自我否认，是一种对自己没有信心和不认同的心理表现。

在求职过程中，不少高职高专院校毕业生对自我认识不全面，严重低估了自身的能力，总认为自己的知识和技能和本科生相比差距较大，看待事物以偏概全，消极悲观情绪严重，在求职过程中对自己缺乏信心，缺乏主动推销自己的勇气，过分依赖他人。这种自卑的心理将会直接影响其择业和就业。

 知识拓展 2-14

怎样克服自卑心理

每个人都有缺点和优点，没有必要用自己的短处跟别人的长处进行比较，因为自己的长处别人也不一定具备。我们可以多做一些自己擅长的事情，从而加强和巩固自己的自信心。

那么，怎样才能克服自卑心理呢？

第一，不要在意别人对自己的看法。

产生自卑的心理，可能与自己过往的经历有很大的关系。我们在成长的过程中，难免会遇到一些打击和不顺心的事，如果受到的打击太大，就会形成一种惯性，从而产生自卑心理。当我们步入社会后，也会遇到各种打击，因此，不要让过往的经历来影响当前的生活;把自己定位好,这样的话就可以忽略别人对自己的看法和评价。

第二,学习令自己得到成长。

除了在学校中学习知识,在踏入社会后还需要不断地学习,以增长自己的见识和智慧。当一个人知识丰富、满腹经纶时,他就不会有太大的自卑感。因此,要学会让自己成长,让自己的心智不断成熟。

第三,将行动坚持到底。

只有认识到自己的缺点,才可能去改变它。当面临一些挑战时,有时会不自信,但若一味地否定自己,就产生逃避和胆怯的心理,导致目标无法完成。所以,我们必须要肯定自己的能力,不要害怕失败。只要自己付出了努力,只要尽己所能、坚持到底,必定能得到回报。

第四,宽容和接纳不完美的自己。

人有时候会出现自卑心理并不是受到外界的影响,而是对自己的要求太高了,对自己过于苛求,当自己没有能力达到一些目标时,就会产生自卑心理。所以,我们必须要接纳和宽容自己的不完美,凡事尽心尽力就可以了,面对自己真实的一面,只有这样才能够建立自信心。

第五,经常保持微笑。

经常一个面带微笑的人,说明他对于人生的态度是非常积极的。真诚的笑可以化解自卑的心理,也可以与别人相处融洽。所以,要用微笑来武装自己,从而克服自卑的心理。

综上所述,当出现自卑的心理时,我们要有改变的决心和行动,不要过于在意别人对自己的看法,在生活中找到自己的位置,要勇于面对自己的不足,并且不断地改变自己,通过实现一个个可达到的目标,来巩固自己的自信心。

(二)自负

案例 2-18

小杰就读于某高职院校,学习成绩优秀,能力也较强。他曾担任班长,心理上总有一种优越感,一心想找高薪工作,却始终没有着落。他到人才市场去求职,但总嫌一些工作岗位工资低,不愿意去就职。一次,他到一家公司参加面试,面试官问他对工作有什么要求,小杰回答说要求工资待遇至少每月8000元,要做管理者,认为做业务员是大材小用,结果求职失败。至今,小杰一直没有找到自己想要的工作。

自负心理就是盲目自大,高估个人的能力,没有自知之明。大部分应届毕业生正处于青春期,心理发展还没有完全成熟,理想化特征比较突出。由于缺少社会经验,对目前严峻的就业形势认识不足,严重高估自身的能力,在求职时容易出现眼高手低、好高骛远的情况,对用人单位要求苛刻。这种自负心理容易让自己在择业时陷入高不成、低不就的尴尬境地。

(三)焦虑

 案例 2-19

应届高职毕业生小玲想通过人才市场找一份适合自己的工作。自打春节过后,她就不停地收集就业信息,投递求职材料,还经常跑招聘会,但一直没有找到适合自己的工作岗位。一次,好不容易找到一个合适的岗位,结果人家要求本科以上学历、有两年以上的工作经验才行。她觉得找工作太难了,感到压力特别大。小玲本认为自己在学校获得过奖学金,还是科技实验小组的负责人,对找工作还很有自信的,可现在突然觉得前途迷茫,人生好像失去了方向,心里总觉得不踏实,烦躁不安。

焦虑是人们对即将来临的、可能会造成危险或威胁的情境所产生的紧张、不安、忧虑、担心、恐惧等不愉快的复杂情绪状态。高职高专院校毕业生因为没有社会阅历和工作经验,在求职过程中可能会遇到种种挫折。例如,心理素质不好、承受挫折的能力差的学生可能会怀疑自己的能力,产生焦虑、急躁、自暴自弃的心理。轻度的焦虑是正常的,适度的焦虑还可以使人变压力为动力,但过度焦虑就容易形成心理障碍,影响到人的正常生活。就业焦虑发展到严重程度,会让人产生就业恐惧,如果不及时调节和有效控制,会严重影响其择业和就业。

 知识拓展 2-15

就业焦虑心理的调适

面对不确定的未来,毕业生会出现焦虑、迷茫、恐惧等心理。一方面,大学校园环境相对纯洁,不少学生缺乏抗压能力。而在毕业季,应届生要实现从学生到社会人的角色转变,需要独自面对很多现实问题,但他们中很多人还没有做好走出象牙塔的准备,导致一种无形的心理压力出现;另一方面,找工作对毕业生来说是人生中一次巨大的考验,由于缺乏经验,毕业生往往低估了来自未来的挑战,在就业过程中会出现失意、碰壁的情况,这会对他们的自信心造成打击。站在人生的十字路口,毕业生不知道自己喜欢做什么,也不知道自己适合做什么,更不知道如何去规划自己的人生,这些问题都会加重他们的心理负担,使其出现焦虑、畏惧等情绪,甚至个别学生会出现比较严重的心理健康问题。

那么,面对就业压力,毕业生怎样才能远离焦虑、保持健康情绪呢?

首先,要认清焦虑是正常状态,人人都会有。临近毕业,有大量的事情需要处理,一般人都会有焦虑情绪的出现。适度的焦虑对人是有益的,说明你对事情的重视。

其次,要降低就业目标。过高的目标使人们更容易出现紧张情绪,降低期望值反而可以激励自身不断努力。就业不是一锤子买卖,只有认清自己的能力,降低就业目标,才可在获得认可的时候收获喜悦。

最后,要做好就业规划。在找工作之前,要思考未来的目标,进而按部就班地做好准备,从容迎接新的挑战,切忌盲目。还要认清自己的条件,提升自己的实力,帮助自己成为企业渴求的人才。

谁的青春不迷茫?面对就业压力,请努力保持健康心态,你值得更好的自己!

(四)怯懦

案例 2-20

孟玲同学在某职业学院学的是医学检验专业,她品学兼优,学习成绩和专业技能在班级一直名列前茅。可她的性格非常胆小,害怕与陌生人打交道,不敢在公开场合开口讲话,上台讲话她都脸红害羞。毕业后,她在学校就业服务中心网站上看到一家医院正在招聘检验专业毕业生的消息,于是她就投递了求职材料,很快就接到了面试通知。面试的时候,主考官让她到先到台上做个自我介绍,她却没有足够的勇气和胆量,最后只好放弃。她的专业技能绝不比人差,然而"胆怯、害羞"拖了她的后腿。因此,她只好重新求职。每次用人单位都对她的简历很满意,可是由于她的胆怯,面试时她总是面红耳赤,说话语无伦次,最后就被淘汰了。现在她都不敢去求职找工作了。

怯懦心理主要见于涉世不深、阅历较浅、性格内向、不善言词的人。由于怯懦,在社交中即使是自己认为正确的事,也不敢表达出来,从而影响与别人建立正常的人际关系。

怯懦心理在很多大学毕业生身上都有所表现,尤其是在面试的时候。常见表现为:对细节较为敏感、总担心自己在个别方面处理不当影响自己在用人单位心目中的形象,以至于畏首畏尾;面试时,语无伦次、面红耳赤、全身发抖、目不正视、手足无措,生怕自己说错话,担心失败。这种表现严重影响求职中个人优势的发挥,导致用人单位对自己形成错误的评判。

(五)依赖

案例 2-21

小吴是医学影像技术专业的毕业生,在学校举办的双选会上,小吴的父母早早地到会场,打听用人单位的情况。招聘会开始很久以后,小吴姗姗来迟,并在家长的陪同下前往用人单位摊位前面谈。面谈时,小吴发言的时间还没有其父母多,当招聘人员问小吴的求职意向、个人情况时,全是父母在滔滔不绝,小吴只在一旁默默地填表,结果面试了一家又一家,一无所获。对此,招聘人员表示,他们不看好依赖父母找工作的求职者,大学毕业生已到了独立的年龄,应当自己解决自己的问题和困难,求职是人生大事,更应当自己面对;还有的求职者本人不来,父母带着他们的求职材料直接来为他们找工作,而用人单位基本都不会考虑录用这些人。

依赖心理指的是个体处于自己无法选择的关系之中,被迫做违心的事,虽然他也讨厌被迫行事的方式的心理状态。健康的、平等的人际关系是具有选择性的,这种选择性能使人得到早日独立,获得真正的友爱。

部分大学毕业生社会实践经验不足,社会适应能力不强,缺少分析和解决问题的能力,在求职时不能积极主动地展示自己的才能,而是消极逃避,依赖父母或亲朋好友的帮助,往往会错失很多就业机会。

(六)嫉妒

嫉妒是指人们为竞争一定的权益,对相应的竞争者或潜在的竞争者怀有一种冷漠、贬低、排斥,甚至是敌视的心理状态。嫉妒心理是大学生在求职过程中比较常见的心理问题。主要表现为：对别人找到好工作心存嫉妒，尤其是看到条件不如自己的人也能找到很好的工作时，先是羡慕，转而痛苦，后又不甘心，于是对他人冷嘲热讽，甚至诋毁，严重时产生"我得不到，你也别想得到"的不良心态。嫉妒的后果是严重影响同学之间的人际关系，挫伤求职的积极性，不利于自己的成长与进步。

四、求职心理的调适

（一）求职前的心理准备

1．正确认识自我，增强求职信心

案例2-22

扬长避短

传说在很久以前，在那高不可攀的雪山后面，有一片翡翠森林。里面住着很多动物：狼、兔子、鸭子、熊。

小兔子是一位短跑冠军，在每次森林运动会中，它总能捧个奖杯回到家！正是因为这样，它的家里总是金光闪耀。

话说有一天，小兔子正在家里看报，发现今天报纸的头条新闻是：鸭子先生被聘为翡翠森林的游泳教练！小兔子一看到这个消息，不禁想起了三年前的一件事：那时，小兔子捧着奖杯在回家的路上走着，当时它的心情超好，突然满山的蘑菇吸引了它，于是，它高兴地采起了蘑菇，一采就忘了时间。就在此时，一只狼从草丛里窜了出来看见了小兔子，心想："哈哈，今天的午餐有着落了！"说时迟那时快，它一下扑向小兔子。机敏的小兔子躲开了狼，扔下蘑菇，飞快地跑了起来。可是，没跑多久，一条小河挡住了它的去路，小兔子想："我不会游泳，这可怎么办？"眼看狼就要扑过来了，小兔子当机立断，"扑通"一声，跳进了河里。小兔子正在和死神殊死搏斗着。千钧一发之际，评论家青蛙看见了这幕情景，赶紧跳下河，把小兔子救上了岸。

想起了这件事的小兔子，决定要去学游泳。作为鸭子先生的门生，它下决心要学会游泳。同班的还有小狗、小龟和小松鼠。可是，要知道，小兔子是三瓣嘴，一下水，空气就从嘴缝里漏了出来。教练鸭先生说："我两条腿都能游，你们四条腿不能游？成功来自99%的汗水，加油，嘎嘎！"小狗和小龟学会了游泳，可是小兔和小松鼠始终没能学会游泳。

这时游泳池的广播里响起了评论家青蛙的声音:"兔子善于跑步,为什么总是针对弱点训练而不发展特长呢?"

听了这句话,小兔子深受启发:一个人有了优点,就要扩大优点,不应该面面俱到啊!于是小兔还是每天坚持去练习跑步了。

自我认识是自我意识的一部分,它包括自我感觉、自我概念、自我观察、自我分析和自我评价。在激烈的就业竞争中,高职高专院校毕业生必须充分、全面、深入地了解自己、认识自己,才能在求职时做出正确的决策。由于社会、学校、家庭、个人等因素的影响,部分高职高专院校毕业生对自己的认识存在偏差,导致在求职时屡屡受挫,易产生失落、自卑等不良心理。

高职高专院校毕业生应该对自己的兴趣爱好、专业特长、思维方式、个性、气质等做一个有效分析,可借助科学的测评工具对自己进行评估。每一个人都有自己的优势和特点,高职高专院校毕业生应该积极挖掘自己身上的闪光点,比如动手能力强、社会实践经验丰富、就业薪酬期望值不高等,在择业时做到扬长避短,从而做出正确的求职决策。

2. 调整期望值,找准自己的位置

案例 2-23

到小企业发展助他成功

小孟出身于安徽省亳州市的一个农村家庭,母亲在家种地,父亲在外出门打工,生活清贫。父母希望小孟考上大学,毕业后能找到一份体面的工作。

去年小孟同学考取了某职业技术学院,学的是食品专业。小孟暗下决心:一定不辜负父母的殷切期望,好好学习,将来要在大城市干出一番事业把含辛茹苦的父母接到城市来享福。

这个来自农村的孩子在学习上刻苦勤奋,积极上进,学习成绩在班级一直名列前茅,还获得过国家励志奖学金和安徽省大学生职业规划大赛二等奖。他和班级同学相处的非常好,为人谦虚低调,助人为乐。

对于小孟来说,大学生活过得很充实、很快乐。在这期间,他一直没有忘记家人的嘱托和期望,没有忘记当初暗下的决心。刚上大三,小孟就开始为自己今后的就业做准备了。在参加实习期间,他经常有计划地收集食品行业的招聘信息,还经常向他的师哥师姐讨教就业经验。

几个月下来,小孟收集了很多有关食品行业的就业信息。大城市好的食品行业招聘条件要求非常苛刻,绝大部分都要求本科学历以上,并且参加应聘的毕业生很多,作为一个专科生,他感受到就业环境的严峻。通过调查研究得知,有些专科生即使进了大公司,由于种种原因,发展前景也不乐观。

在大城市找一份体面的工作是他的美好愿望,但现实的就业环境很严峻,小孟陷入了深深的沉思。在现实面前,他的头脑逐渐冷静了下来。他对现在的就业环境和自己的条件做了认真的分析,他想,大城市好的企业里人才济济,竞争激烈,以自身的条件,即便在大城市找到工作,发展空间也不大;另外,大城市房价高,再加上日常开支大,生活压力很大。最后,他决定放弃在大城市发展的机会,回到家乡去求职。

他的家乡是有名的酒乡,差不多每个镇都有酒厂,而自己学的食品专业与酒厂又很适合。于是他给家乡的乡镇酒厂投了简历,经过面试,最后被一家酒厂聘用。由于小孟勤奋好学,工作认真踏实,积极进取,勇于创新,很快成了酒厂的技术骨干。

经过两年的磨炼,小孟在经济上得到了很好的回报,他当年的大学同学也慕名前来求职。回想起当时的选择,小孟一直很庆幸自己当初的选择是正确的。

部分高职高专院校毕业生就业期望很高,一味追求地理位置好、福利待遇高、工作清闲稳定的高端就业岗位,不愿意下基层、深入劳动一线当技术工,从而出现毕业生就业难现象。例如,我国西部偏远地区和一些基层岗位需要大量的人才去建设,但出现了"用工荒""招人难"的现象。

作为高职高专院校毕业生,要不断转变就业观念,降低就业期望值,关键是要结合自己的专业能力、性格特点、兴趣爱好等选择适合自己的工作。从就业地域来说,不一定非要强行往大城市"挤",可以考虑到乡镇地区或者西部偏远地区,福利待遇也不要要求过高,可以从低薪开始干,不断积累经验,提升自身素质和能力。

知识拓展 2-16

大学生自愿服务西部计划项目介绍

2003年,团中央、教育部、财政部、人力资源社会保障部根据国务院常务会议和全国高校毕业生就业工作会议精神,联合实施大学生志愿服务西部计划(以下简称"西部计划"),招募一定数量的普通高等学校应届毕业生或在读研究生到西部基层开展为期1~3年的志愿服务工作,鼓励志愿者服务期满后扎根当地就业创业。

"西部计划"按照服务内容分为基础教育、服务三农、医疗卫生、基层青年工作、基层社会管理、服务新疆、服务西藏7个专项。"西部计划"2018年实施规模为18300人,其中包括2100多名中国青年志愿者扶贫接力计划研究生支教团成员。

"西部计划"实施以来,综合成效明显。作为实践育人工程,引导具有理想主义情怀的青年人,通过火热的西部基层实践进一步坚定理想信念,锤炼意志品格,升华志愿情怀;作为就业促进工程,引导和帮助高校毕业生树立正确的就业观,并为他们搭建到西部去、到基层去、到祖国和人民最需要的地方去干事创业的通道和平台;作为人才流动工程,鼓励和引导东、中部大学生到西部基层工作生活,促进优秀人才的区域流动;作为助力扶贫工程,以"西部计划"志愿者为载体,推动校地共建,引导高校资源参与到当地的脱贫攻坚工作中。

"西部计划"是国家重大人才工程"高校毕业生基层培养计划"的子项目,是引导和鼓励高校毕业生到基层工作的5个专项之一。党中央、国务院高度关心"西部计划"志愿者,高度重视"西部计划"和研究生支教团工作。习近平总书记曾多次做出批示或给志愿者回信,肯定志愿者们在西部地区的辛勤耕耘、默默奉献,他们为当地经济社会发展、民族团结进步做出了贡献,勉励越来越多的青年人以志愿者为榜样,到基层和人民中去建功立业,让青春之花绽放在祖国最需要的地方,在实现中国梦的伟大实践中书写别样精彩的人生。

3. 正视现实,做好遭受挫折的心理准备

案例2-24

菲尔普斯是奥运历史上优秀的游泳选手之一,一共拿过23枚奥运会金牌,创下39项世界纪录。他的教练有一套非常奇葩的训练方法,总爱在训练时给菲尔普斯制造各种麻烦。比如突然给训练馆断电;让他在漆黑的泳池中训练;有时候会在菲尔普斯训练时故意往他身上丢东西;甚至会提前弄坏他的泳镜,让他在水下无法睁眼。这些看似奇葩的训练方式,恰好锻炼了菲尔普斯的抗干扰能力。后来在一次重大赛事中,菲尔普斯的泳镜入水,他眼睛都睁不开,却不慌不忙游完全程,最后拿到冠军,还打破了世界纪录。有记者问他为什么泳镜入水都能破纪录,菲尔普斯毫不在意地说:"这种情况我都经历了无数次。"因为他之前的"挫折演习"已经培养了他的抗挫能力,所以即便在重大比赛中出现意外,他也会想办法克服。菲尔普斯

的训练方法,就是"挫折演习"。通俗来讲就是,模拟自己遇到的倒霉事,思考自己应该如何处置,锻炼自己的心理承受能力和反应能力,如果之后不幸遇到意外,也能坦然处之。我们的生活也需要多来点"演习",毕竟人生无常,倒霉的事情总会发生,遭遇天灾、被裁员、生重病……模拟意外来临时的场景,想好应急预案并多加演练,让自己提前做好物质和精神上的双重准备,总比意外到来时自己手足无措要好。

目前,我国高等教育已经从精英教育转向大众教育,大学生已经不再是"天之骄子",尤其是高职高专院校毕业生,他们面临的就业形势更加严峻。现在不少大学生是独生子女,从小在父母的宠爱下成长,父母不愿意让自己的孩子吃苦受罪,这虽然给他们提供了良好的生活条件和学习环境,但减少了他们经历困难挫折考验的机会。不少大学生生活衣食无忧,往往把考上大学作为自己终极目标,而大学环境较为单纯,缺少竞争性。这些大学生一旦步入社会,面对激烈的就业竞争,当求职屡屡受挫时,往往难以适应,无所适从。

作为大学生,应该勇于面对现实,认清当前的就业形势,树立正确的择业观,在求职失败时坦然接受现实,积极面对挫折,善于分析,认真总结失败的原因,可以求助于老师、同学,努力寻找解决困难的办法,不断积累经验,提高挫折耐受力,让自己变得更加成熟。

(二)求职过程中的心理调适

1. 转变就业观念,适应社会需求

受传统就业思想的影响,部分高职高专院校毕业生依然存在过分追求工作稳定,留恋大城市、不愿下基层,依赖父母等错误就业观念。面对竞争激烈的就业形势,我们要积极转变就业观念,适应社会发展需要。首先要树立坚定的信念,不要认为高职高专院校毕业生比本科生"低一头",要看到自身的优势是应用型、技能型和实用性的人才,最贴近社会需求;其次,高职高专院校毕业生要放下身段,扎根基层,从小事做起,用自己过硬的专业能力真正为社会服务,在平凡的工作岗位上实现人生价值;最后,要树立坚定的人生志向,不攀比,不盲从,不过分看重薪资待遇,要着眼未来,看重职业发展前景。

2. 掌握调节情绪的方法

由于就业市场的复杂性和多变性,就业竞争日益激烈,大学生求职受挫是很常见的现象。但不少毕业生的心理承受力不强,容易出现焦虑、急躁、忧愁、失望、紧张等不良情绪。若不对这些不良情绪进行调节和控制,会引发不良心理,成为毕业生求职路上的障碍。调节不良情绪的方法主要有以下几种:

(1)宣泄法。

宣泄法是指通过排出消极情绪进行心理治疗的方法。常用的情绪宣泄法有：① 倾诉法。可以找同学、朋友、心理咨询师诉说自己的烦恼和委屈，一吐为快。将心里的压力都说出来，心里也会舒畅很多，压力也得到缓解。② 哭泣法。大哭一场，发泄心中郁闷情绪。美国生物化学家弗雷说过："强忍不哭，把眼泪咽下去，等于慢性自杀。"让心里所有的委屈都随着眼泪排泄出来，心里会无比的舒畅，心理压力也减少很多。③ 放空法。出去散步，不要将自己整天关在一个狭小的房子里。一个人长期在狭小的空间里，每天都面对着手机、电脑等，不但减轻不了心里的压力，还会让大脑整天都处在紧张的状态。适当的出去外面散散步，呼吸外面的新鲜空气，可以让大脑得到暂时的放空，可起到释放压力的作用。④ 写日记法。将自己每天的不好的心情通过日记的形式写出来，也是一种不错的发泄情绪的方式。⑤ 呐喊法。可以找一个空旷的地方大声地呼喊，将心里所有的不愉快和所有的压力都随着自己的呐喊声都宣泄出来，让自己的压力得到缓解。宣泄时，要把握分寸，不伤害自己、他人及公私财物。

（2）升华法。

情绪升华法是指将消极的情绪与头脑中的一些闪光点联系起来，将痛苦、烦恼、忧愁等其他不良的情绪，转化为积极而有益的行动。不少人身处逆境，不悲观、不泄气，忍辱负重，把逆境变为前进的动力，乐观进取、自强不息，不取得成绩不罢休。很多作家因为人生经历苦难，而后完成世界名著，这就是升华的典型案例。升华法是调节消极情绪的最高的也是最佳的一种形式。

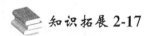

知识拓展 2-17

司马迁发愤写《史记》

司马迁出生在黄河岸边的龙门。他从小看着波涛滚滚的黄河从龙门呼啸而去，听着父老乡亲们讲述古代英雄的故事，心里十分激动。父亲司马谈是汉朝专门掌管修史的官员，他立志要编写一部史书，记载从黄帝到汉武帝这2600年间的历史。受父亲的影响，司马迁努力读书，大大充实了自己的历史知识。他还四处游历，广交朋友，积累了大量的历史资料。

司马谈临终之时，泪流满面地拉着儿子的手说："我死之后，朝廷会让你继任我的官职的，你千万不要忘记我生平想要完成的史书啊！"司马迁牢记父亲的嘱托，每天忙着研读历史文献，整理父亲留下来的史料和自己早年走遍全国收集来的资料。

正当他专心致志写作《史记》的时候,一场飞来横祸突然降临到他的头上。原来,司马迁因为替一位将军辩护,得罪了汉武帝,入狱受了酷刑。司马迁悲愤交加,几次想血溅墙头,了此残生,但想到《史记》还没有完成,便打消了这个念头。他想:"人总是要死的,有的重于泰山,有的轻于鸿毛。我如果就这样死了,不是比鸿毛还轻吗?我一定要活下去!我一定要写完这部史书!"想到这里,他尽力克制自己,把个人的耻辱、痛苦全都埋在心底,重又摊开光洁平滑的竹简,在上面写下了一行行工整的隶字。

就这样,司马迁发愤写作,用了整整13年,终于完成了一部52万字的辉煌巨著——《史记》。这部前无古人的著作,几乎耗尽了他毕生的心血,是他用生命写成的。

(资料来源:新东方语文网.http://tool.xdf.cn/kw/1137.html)

(3) 注意力转移法。

注意力转移法是指把注意力从自己的消极情绪转移到其他事情上。比如当求职被拒后,可以把注意力转到自己感兴趣的事上,如逛街、散步、看娱乐节目、上网聊天等,防止不良情绪泛化、蔓延。

(4) 音乐调节法。

现代医学表明,音乐能调整神经系统的机能,解除肌肉紧张,消除疲劳,改善注意力,增强记忆力,消除抑郁、焦虑、紧张等不良情绪。大学毕业生在求职过程中如果有异常的情绪表现,如过分紧张,不妨听一段旋律优美的音乐,使不安的情绪稳定下来。

(5) 呼吸放松法。

呼吸放松法是指一种通过呼吸调节缓解不良情绪的方法。实践表明,呼吸放松法简单易学,对缓解不良情绪效果很好。

 知识拓展2-18

你了解呼吸放松法吗?

1. 放松训练与呼吸放松法

人不能同时处在紧张和放松两种状态。当人预感到一个压力源存在时,常以交感神经系统兴奋为主,做出战斗或逃跑的反应,表现为呼吸变浅、瞳孔散大、心率加快和肌肉紧张。如果过大的压力源持续存在,将导致机体的防御系统崩溃,产生疾病。放松则是以副交感神经兴奋为主的内脏和躯体表现的身心状态;或是生理、精神和情绪的无紧张状态,与战斗或逃跑的应激反应完全相反。放松训练也称松弛疗法,是从行为医学领域发展而来的一种治疗方法,是通过一些固定的程式使人的身体达到放松的状态,从而达到心理上的松弛。常用的放松训练方法包括渐进性肌肉松弛方法、引导想象、沉思等以及由其演变而来的生物反馈放松训练、漂浮疗法等,深呼吸、听音乐、按摩、打太极拳、练瑜伽等也可作为放松的技巧。

呼吸放松法是放松训练的一种,呼吸放松法是通过一定的训练,控制自己呼吸的频率和深度,来获得身体和精神上放松的方法。在应激或焦虑情况下,人们常屏住呼吸,而当感到紧张和焦虑时,则趋向于浅和快的呼吸,导致血液中氧气和二氧化碳含量的减少。二氧化碳含量的减少与浅快呼吸进一步增加焦虑的水平。另外,脑及血液中二氧化碳含量的减少可引起慌乱、注意力难以集中、理解困难及其他的认知障碍。呼吸放松训练通过深慢的呼吸,并进行屏气,可增加氧的扩散,提高二氧化碳含量,且深吸、深呼的动作引起肩部及腹部肌肉交替的紧张、松弛。

呼吸放松法可以帮助体验者放松,从而缓解焦虑、抑郁情绪。呼吸放松训练在焦虑抑郁患者中的应用已经得到广泛认可,呼吸放松训练通过调节自主神经功能,达到放松的目的,可以避免焦虑、抑郁和失眠。除此之外,呼吸放松法对高血压、心脏病等疾病的治疗和预后也有一定的积极作用。

2. 常见的呼吸放松法

呼吸放松法的种类有很多,主要包括腹式呼吸法、缩唇呼吸法、对抗阻力呼吸法、吸气末停顿呼吸法和全身性呼吸体操等。下面主要介绍腹式呼吸法与缩唇呼吸法。

(1) 腹式呼吸法。

1938年,美国SOLEY等人提出了腹式呼吸法的概念:体验者采取舒适体位,全身放松,闭嘴用鼻深吸气至不能再吸气,稍屏气或不屏气直接用口缓慢呼气。吸气时膈肌收缩下降,腹肌松弛,腹部外凸,保证最大吸气量;呼气时腹肌收缩帮助膈肌松弛,随腹腔内压增加而上抬,腹部内凹,增加呼吸潮气量。根据张力军等(2005)的研究成果,腹式呼吸具有帮助人体放松的作用,这种效果主要通过提高自主神经系统的调节功能而实现,进而达到缓解精神压力和紧张、焦虑等情绪。

（2）缩唇呼吸法。

缩唇呼吸法也称"吹笛状"呼气法,体验者取舒适体位（立位或坐位）,放松全身肌肉,平静心情,经鼻吸气,吸气时腹肌放松,尽量使腹部鼓起。每次吸气后稍屏气再行缩唇呼气,经口呼气,呼气时缩成"吹笛状",同时腹肌用力收缩,腹壁随之下陷,此时肺内气体经口缓缓呼出,呼气与吸气的时间比大约为 2∶1,每分钟呼吸 7～8 次,每次 10～15 分钟,每日 2～3 次。呼气时缩唇程度由体验者自行选择把握,以能轻轻吹动面前 30 厘米的白纸为宜。要尽量做到深吸气慢呼气,无论是吸气还是呼气都要尽量达到"极限"量,即吸到不能再吸,呼到不能再呼为度。根据倪涵晨等人的研究成果,缩唇呼吸可明显改善中老年人轻、中度慢性阻塞性肺病患者的肺功能,具有很好的临床效果。

3. 简单的呼吸放松练习

在生活中,我们可以学习、运用呼吸放松法来缓解负面情绪,下面介绍一个简单的呼吸放松法练习。

用一个舒适的姿势半躺在椅子上,一只手放在腹部,另一只手放在胸部。注意先呼气,感觉肺部有足够的空间来做后面的深呼吸,然后用鼻子吸气,保持 1 秒钟,心里默数：1、2、3,停顿 1 秒钟,再把气体缓缓地呼出；吸气时可以让空气进入腹部,感觉那只放在腹部的手向上推,而胸部只是在腹部隆起时跟着微微隆起,要使呼气的时间比吸气的时间长。例如,深吸气,保持 1 秒钟,1、2、3,再呼气；1、2、3、4、5,深吸气,保持 1 秒钟,1、2、3,再呼气；1、2、3、4、5,同时想象所有不快、烦恼、压力都随着每一次的呼气将之慢慢地呼出了,感觉身体越来越放松了,心情越来越平静了。

（6）运动调节法。

大量研究已证明定期运动能消除压力。这些研究表明,参加运动可以减轻焦虑症状（躁动不安、紧张等）,抑郁症（感到生活没意义、情绪低落等）和不适感。通过运动,大脑中会分泌一种可以支配心理和行为的物质,科学家称之为内非肽（快乐素）,它作用于人体能让人产生愉悦感。当我们情绪低落的时候,选择合适的运动项目可以使自己的心情变得好起来。

（7）自我暗示放松法。

心理学上的暗示是指个人通过语言、形象、想象等形式,对自身施加影响的心理过程。"自我暗示之父"法国医师库埃的名言是："我每天在各方面变得越来好。"积极的心理暗示能让我们保持良好的心情,乐观的情绪,充满自信心,从而发挥主观能动性,最大限度地激发自己的潜能。消极的心理暗示会强化我们的弱点,唤醒潜藏在我们内心深处的自卑、怯懦、嫉妒等负面情绪,会对心理造成很大的伤害。

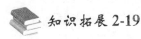 知识拓展2-19

罗森塔尔效应

"罗森塔尔效应"产生于美国著名心理学家罗森塔尔的一次有名的实验:他和助手来到一所小学,声称要进行一个"未来发展趋势测验",并煞有介事地以赞赏的口吻将一份"最有发展前途者"的名单交给了校长和相关教师,叮嘱他们务必要保密,以免影响实验的正确性。其实他撒了一个"权威性谎言",因为名单上的学生根本就是随机挑选出来的。8个月后,奇迹出现了,凡是上了名单的学生,各个成绩都有了较大的进步,且各方面都很优秀。显然,罗森塔尔的"权威性谎言"发生了作用,因为这个谎言对教师产生了暗示,左右了教师对名单上学生的能力的评价;而教师又将自己的这一心理活动通过情绪、语言和行为传染给了学生,使他们强烈地感受到来自教师的热爱和期望,变得更加自尊、自信和自强,从而使各方面得到了异乎寻常的进步。在这里,教师对这部分学生的期待是真诚的、发自内心的,因为他们受到了权威者的影响,坚信这部分学生就是最有发展潜力的。也正因如此,教师的一言一行都难以隐藏对这些学生的信任与期待,而这种"真诚的期待"是学生能够感受到的。

其实,罗森塔尔的这个实验是受一则希腊神话的启发的,这个神话的大意是:塞浦路斯国王皮格马利翁性情孤僻,为规避塞浦路斯妓女而一人独居。他善雕刻,孤寂中用象牙雕刻了一座他理想中的美女像。久久依伴,他竟对自己的作品产生了爱慕之情。他祈求爱神阿佛罗狄忒赋予雕像以生命。阿佛罗狄忒为他的真诚爱情所感动,竟使这座美女雕像活了起来。皮格马利翁遂称她为伽拉忒亚,并娶她为妻。

因此,"罗森塔尔效应"也称"皮格马利翁效应"或"期待效应"。

"罗森塔尔效应"给我们的启示是:要充分相信自己一定会在某些方面表现优异,并且不断地给予积极的心理暗示。特别是在我们遇到困难、挫折和

> 消极评价的时候,对自己传递积极的期待就会让自己发展得更好,进步得更快。

3. 树立良好的心态,正确对待挫折

良好的心态对于求职起着至关重要的作用,从某种程度上讲"心态决定成败"。毕业生在求职过程中遭遇挫折是很常见的,关键是我们要树立良好心态,正确对待挫折。挫折并不可怕,可怕的是一遇到挫折就一蹶不振,失去求职的勇气和动力。我们要从失败中总结教训,在挫折中不断磨砺自己,要相信"天生我材必有用",只要我们脚踏实地,勇于实践,熟练地运用所学的技能和本领,掌握正确的求职的方法和技巧,把握机遇,就能找到适合自己的工作。

案例 2-25

感恩心态面对失败

史蒂文斯失业了,一切来得那么突然。他是个程序员,在软件公司干了 8 年,他一直以为将在这里做到退休,然后拿着优厚的退休金颐养天年。然而,这一年公司倒闭。

史蒂文斯的第三个儿子刚刚降生,他感谢上帝的恩赐,同时意识到,重新寻找工作迫在眉睫。作为丈夫和父亲,自己存在的最大意义,就是让妻子和孩子们过得更好。

他的生活开始凌乱不堪,每天的工作就是找工作。一个月过去了,他没找到工作。除了编程,他一无所长。

终于,他在报上看到,有一家软件公司要招聘程序员,待遇不错。史蒂文斯揣着资料,满怀希望地赶到该公司。应聘的人数超乎想象,很明显,竞争将会异常激烈。经过简单的交谈,公司通知他一个星期后参加笔试。

凭着过硬的专业知识,史蒂文斯轻松过关,两天后面试。他对自己 8 年的工作经验无比自信,坚信面试不会有太大的麻烦。然而,考官的问题是关于软件业未来的发展方向,这些问题,他竟从未认真思考过。

该公司对软件业的理解,令史蒂文斯耳目一新,虽然应聘失败,可他感觉收获不小,有必要给公司写封信,以表感谢之情。于是立即提笔写道:感谢贵公司花费人力、物力为我提供了笔试、面试的机会,虽然落聘,但通过应聘使我大长见识,获益匪浅。感谢你们为之付出的劳动,谢谢!

这是一封与众不同的信,落聘的人没有不满,毫无怨言,竟然还给公司写来感谢信,真是闻所未闻。这封信被层层上递,最后送到总裁的办公桌上。总裁看了信后,一言不发,把它锁进抽屉。

3个月后,新年来临,史蒂文斯收到一张精美的新年贺卡,上面写着:尊敬的史蒂文斯先生,如果您愿意,请和我们共度新年。贺卡是他上次应聘的公司寄来的。原来,公司职业出现空缺,他们不约而同想到了史蒂文斯。

这家公司就是美国微软公司,现在闻名世界。十几年后,凭着出色的业绩,史蒂文斯一直做到了副总裁。

以感恩的心态面对一切,包括失败,你会发现,人生其实很精彩。

 课后习题

1. 就业信息收集的渠道有哪些?
2. 请写一份个人简历和求职信。
3. 求职过程中常见的心理问题有哪些?求职过程中出现心理问题时,应如何进行调试?

第三章 面试指导

案例 3-1

求职操作实务 大学生就业指导

情景一:小明去微软公司面试。

面试官:"Windows10 专业版在中国内地的零售价是多少?"

小明:"5 元。"

面试官:"出去,下一位。"

情景二:"放弃"这两个字在小明的字典里面没有出现过,他投啊投,终于得到了 Google 公司面试的机会。但是,Google 的面试官才提了一个问题,小明就被淘汰了。

面试官:"你从哪得到 Google 面试的消息的。"

小明:"上网百度的。"

面试官:"出去,下一位。"

情景三:小明非常郁闷,眼看马上就要毕业了,工作还没有着落。幸好在朋友的帮助下,他又得到了麦当劳的面试邀请。这次面试官让小明唱麦当劳的主题歌,小明高兴坏了,心想,这多简单啊。

小明张口就来:"有了肯德基,生活好滋味!"

面试官:"出去,下一位。"

情景四:后来,小明的妈妈托人获得了中国移动公司客服岗位的面试机会,妈妈说这个不要技术,让他先试试,小明爽快地答应了。

面试很顺利,对方也很欣赏小明,最后面试官对小明说:"不错,请留下你的电话。"

小明:"131……(联通的号码)"

面试官:"出去,下一位。"

点评:小明在面试时表现出来的问题或许是许多应届毕业生在面试时没有考虑到的,即每次面试都没有做好准备,忽略了细节,并且面试之后没有总结经验教训。因此,在面试前,我们要做好充分的准备工作,面试后学会总结,避免出现上述的问题。

面试实际上是人与人之间交流的过程。交流的首要目的是准确交换信息。在面试中,面试官对求职者的了解,除了通过语言交流了解信息外,眼神交流以及求职者的气质、形象、肢体语言等也提供了信息。

参加求职面试,除了随身要携带必要的简历、证书外,还应事先做些"功课",主要包括以下4个方面:

一是熟记简历内容,保证内容的真实性。应届毕业生求职时,要精心制作自己的简历,并要对内容熟记于心,这样在面试时,面对面试官的提问就会心中有数。如今企业在选拔人才时,会着重考察履历的真实性,那些过分包装简历的求职者必然会被淘汰。

二是准备一套得体的服装。面试时,一定要穿着得体。试想如果一家五星级酒店招聘一名公关经理,若应聘者随便穿了双雨靴去面试,与该岗位的职业形象相差甚远,因而,被录用的概率也就极低。

三是沉着冷静,礼貌用语。面试不同于闲聊,应聘者在回答面试官的问题时,不要急于给出答案,要组织好自己的语言再回答。另外,面试时要注意礼貌用语,不要引起面试官的反感。例如,有的毕业生在参加面试时,张口闭口"你们公司",自然会给人留下不好的印象。

四是行为举止要规范。面试时的细小行为最能说明一个人的真实情况,所谓于细微处见真情。应届毕业生在面试时一定要注意自己的言行举止是否合乎规范,很多时候一些细节决定了面试的成败。

第一节　面试的程序和类型

一、面试的基本程序

不同的单位对面试的要求不同,一般来说,面试的程序主要包括以下5个阶段:

(一)准备阶段

准备阶段主要是以一般性的社交话题进行交谈,如面试官会问应聘者"从宿舍到这里远不远"这类问题,目的是使应聘者可以自然地进入面试情景之中,以便消除他们紧张的心情,从而建立一种和谐、友善的面试气氛。应聘者不需要详解回答这类问题,但可利用这个机会熟悉面试环境等。

(二) 引入阶段

当应聘者逐渐放松下来后,开始进入第二阶段,这阶段面试官主要围绕其简历内容提出问题,如"请用简短的语言介绍一下你自己""在大学期间所学的主要课程有哪些""谈谈你在校期间最大的收获是什么"等。应聘者在面试前就应对这类问题做好准备,回答时要有针对性。

(三) 正题阶段

这一阶段,面试官提问的范围较广,提问方式多样化,主要是为了了解应聘者的心理特征、行为特征、能力素质等,从而评估他是否适合应聘岗位。

(四) 结束阶段

当面试官问完问题后,会问应聘者"我们的问题都问完了,请问你有没有什么问题要问"这样类似的问题,这时面试即将进入结束阶段。此时应聘者可提出一些自己想问的问题,但尽量避免"请问你们在我们学校要招几个人"这类面试官不一定会直接回答的问题。

 知识拓展 3-1

面试礼仪

(1) 应聘者到达面试房间前应先轻轻敲门,得到许可后方可进入。面试当天不可迟到,在等待中被叫到名字时,要以爽朗的声音应答。

(2) 应聘者走入面试房间时,要抬头挺胸、面带微笑,目光注视应聘者,不要瞻前顾后、左顾右盼。女生应步伐轻盈、敏捷,给人以轻巧、欢悦、柔和之感;男生应步伐矫健、端庄、自然、大方,给人以沉着、稳重、勇敢、无畏的印象。

二、面试的主要类型

（一）结构化面试

结构化面试是指根据特定职位的特征要求，遵循固定的程序，采用专门的题库、评价标准和评价方法，通过考官小组与应聘者面对面的言语交流等方式，评价应聘者是否符合招聘岗位要求的人才测评方法。结构化面试是指面试的内容、形式、程序、评分标准及结果的合成与分析等构成要素，按统一制定的标准和要求进行的面试。

（二）无领导小组讨论

无领导小组讨论是指由一组应聘者组成一个临时工作小组，讨论给定的问题，并做出决策。由于这个小组是临时组成的，并不指定谁是负责人，目的就在于考察应试者的表现，尤其是看谁会从中脱颖而出，但并不是一定要成为领导者，因为那不仅需要真正的能力与信心，还需要有十足的把握。

（三）半结构化面试

半结构化面试半结构化面试是介于非结构化面试和结构化面试之间的一种形式，是指面试构成要素中对有的内容作统一的要求，有的内容则不作统一的规定，也就是在预先设计好的试题（结构化面试）的基础上，主考官向应聘者提出一些随机性的试题。

（四）情景面试

情景面试又叫情景模拟面试或情景性面试，是面试的一种类型，也是目前流行的面试方法之一。在情景面试中，面试题目主要是一些情景性的问题，即给定一个情景，看应聘者在特定的情景中是如何反应的。在经验性面试中，主要是问一些与应聘者过去的工作经验有关的问题。情景模拟面试的理论依据是动机理论中的目标设置理论。

（五）问卷面试

问卷面试是指运用问卷形式，将所要考查的问题列举出来，由主考官根据应聘者面试中的行为表现对其特征进行评定，并使其量化。它是面试中常用的一种方法，其优点在于将定性考评与定量考评相结合，具有可操作性和准确性，避免了某些主观评价的缺陷与不足。

第二节 面试礼仪和内容

一、面试礼仪

（一）基本礼仪

1．守时

守时是职业道德的一个基本要求，当你与招聘单位确定好时间后，应提前5～10分钟到达面试地点。如有必要，可提前一天去踩点，计算好路程时间。若当天因特殊原因不能准时到达，要提前通知面试单位，以争取他们的谅解。

面试迟到，不仅会给面试造成不好的印象，也会影响自己在面试中的表现，甚至会影响面试官对你个人能力的判断，所以面试当天最好不要迟到。

2．面带微笑

进入面试房间时要面带微笑，充满自信。面带微笑会增进面试官对你的好感，增加沟通的有效性，从而提升面试成功的概率。

3．如实作答

面试时，要认真聆听面试官的提问，并对问题逐一如实作答。

（1）若提问的问题较长，可拿笔记下来，略作准备。一般情况下，不要打断面试考官的问话，更不要抢问抢答，否则会给人急躁、鲁莽、不礼貌的印象。当面试官提问完毕，若有听不懂的地方可要求其重复。

（2）当不能或无法回答某一问题时，应如实告诉面试官，避免因含糊其辞或胡吹乱侃导致面试失败。

（3）若面试官重复提出某一问题，也要耐心倾听和回答，不可表现出不耐烦的表情。

（4）回答问题时要注意谈吐举止，多用礼貌用语，切忌出现不文明的语句。例如，称对方公司时要用"贵公司"，少说或不说口头禅，更不能出言不逊，贬低他人。

（5）注意把握谈话的重点，回答问题时不要离题，不要啰唆；尽量用普通话作答，音量适中，语速适宜。

(二) 仪表礼仪

1. 发型

发型能直接地反映应聘者的精神面貌,反映其对细节的关注程度。应聘者的头发不可五颜六色。

面试时,建议女生最好把头发扎起来或盘起来,切忌披头散发、发饰过多等;男生以短发为主,头发不宜过长,但也不可剃光头。

2. 面容

面试时,应聘者面容要干净整洁,口腔无异味。男生不宜蓄须,鼻毛不外现等;女生应保持妆容干净,不宜浓妆艳抹等。

3. 指甲

应聘者在面试时应保持手部清洁,不宜留长指甲,不宜使用醒目的美甲。

4. 服装

面试时,着装要干净整洁、端庄得体、朴素大方,忌奇装异服。女生着装不宜过分暴露,男生着装不宜过分休闲。

(三) 仪态礼仪

有研究表明,第一印象的建立,45%取决于语言交流,55%取决于非语言交流,即肢体语言。肢体语言在一定程度上影响着面试的结果,甚至有时一个眼神或者手势都会影响到面试结果。

1. 表情

面试时,应聘者的面部表情要自然、从容,回答问题时不可僵硬死板、面无表情。

2. 目光

面试时,应聘者要注意与面试官的眼神交流。若面试官不止1人,应以正视主面试官为主,环视其他面试官为辅。

3. 行为举止

(1) 行姿。

行姿的基本要求是"安静、稳定、合礼"。人走路的形态能反映出一个人的个性、情绪及修养等,是形象礼仪的一部分。应聘者要想塑造良好的形象就不得不注意行姿。行走时,要身体挺立、昂首挺胸、收腹直腰,两腿有节奏地向前迈步;两眼直视前方,目光自然平静,不要左顾右盼、东张西望。

(2) 站姿。

站姿的基本要求包括站立端正、不应持物、双腿稍分、双腿安稳、避免散漫,忌歪脖、斜腰、挺腹、屈腿、翘臀等,忌双手叉腰、放进裤袋或抱在胸前;不要东倒西歪、左摇右晃、耸肩勾背;不要弯腰驼背或挺肚后仰,这样会显得拘谨、缺乏自信、不庄重。

(3) 坐姿。

坐姿应注意稳重、静态、直挺和端正。应聘者入座时动作要稳、缓、轻,协调柔和;尽可能坐在椅子的1/3~1/2处。考生入座和起座时动作要轻缓,不要过急或过猛。例如,从椅子旁边走到椅子前入座,轻轻用手拉出椅子,不要弄出大的声响,背对椅子平稳坐下。落座后,挺胸收腹、腰部挺起,两手可自然放于面前桌子上。

(4) 小动作。

面试时,应聘者的小动作不宜太多,动作不易过大。例如,回答问题时不要抓耳挠腮、玩饰物、揉眼睛、不停抬腕看表等。

(四) 应答礼仪

(1) 熟练运用礼貌用语。
(2) 口齿清晰,语言流利,文雅大方。
(3) 注意听清题目和要求,积极主动的思考。
(4) 语言简明扼要,始终紧扣面试主题。
(5) 直接且坦诚,不要推脱责任和回避弱点。
(6) 面对面试官提出的苛刻的问题,要冷静、不浮躁。

(五) 结束礼仪

在面试结束后,应微笑着对面试官的辛苦工作表示谢意。在离开面试房间时,应该把刚才坐的椅子恢复到原位,再次致谢出门。经过前台时,可主动与前台工作人员点头致意。

二、面试主要内容

一般来讲,面试的考核内容主要有以下几点:

(1) 仪表举止。

应聘者的仪表举止和精神状态是面试官对其的第一印象。好的仪表举止在无形中会增加面试得分。

(2) 专业知识。

对应聘者专业知识的考察是面试的主要内容,主要分为面试和笔试两个部分。通过对应聘者专业知识的考察,从而判断其是否具备招聘岗位的所需的专业能力。

(3) 教育经历与工作经验。

通过对应聘者教育经历和相关工作经验的询问，了解其与招聘岗位的匹配程度，从而判断应聘者是否适合本岗位工作。

(4) 语言表达能力。

主要考察应聘者是否能够将自己的思想、观点、建议、意见等清晰而流畅地表达出来。

(5) 思维能力。

考察应聘者对的综合分析能力。考察的指标主要有：是否能抓住问题的本质，分析问题是否全面，思维是否具有逻辑性、灵活性。

(6) 应变能力。

主要考察应聘者对突发问题的反应是否迅速敏捷、对意外事件的处理是否得当。

(7) 自我认知能力。

在面试中，面试官会要求应聘者做自我评价，以此判断应聘者的自我认知能力如何，对自己的认知是否清晰、准确。

(8) 情绪稳定性与自我控制能力。

在面试中，面试官通过给应聘者施加一定的压力或精神刺激，以考察其情绪稳定性和自我控制能力。

(9) 人际交往意识与技巧。

在面试中，对应聘者进行社交能力的测评，是为了观察其能否从内到外与整个工作环境相适应。

(10) 进取心与求职动机。

一个人有较强的进取心和强烈的求职动机，才可能在事业上有所发展。在面试中，面试官通常要询问应聘者关于未来的职业规划和"为什么选择本单位"这类问题，从而判断应聘者的进取心与求职动机。

(11) 业余兴趣与爱好。

业余兴趣及爱好并不是对应聘者能力的考察，而是对一种客观情况的了解；具有良好的适应未来工作需求的兴趣和爱好，可能会增加面试成功的概率。

第三节 面试的方法与技巧

一、面试的主要方法

（一）流程面试

按照提前设计好的内容对应聘者进行测试。这种面试方法标准化程度高，可以对应聘者有充分的认识，其评分模式科学合理，是目前一般企业面试多采用的类型。

（二）情景模拟面试

面试时，面试官假设具体的工作环境并给应聘者设定特定的角色和任务，让应聘者做出自己的判断和见解。这种面试方法可以快速了解应聘者的工作能力，具有针对性和可靠性。

（三）答辩式面试

应聘者从提前设定好的答题库中，抽签选出题目，然后根据题目进行演讲和答辩；面试官根据应聘者的表现打分。这种类型的面试，面试官评分的主观性较强，通常作为面试的补充环节。

（四）压力式面试

面试官用一连串快速、详细，甚至尖锐的问题向应聘者提问，应聘者需立刻进行作答。这种面试方式可以充分了解应聘者面对突发事件的心理素质和随机应变的能力。

（五）自由面试

面试官与应聘者自由交谈，在聊天的过程中了解面试人员的性格特征，处事能力，工作态度等，从而了解应聘者与岗位的匹配程度。

二、面试的主要技巧

（一）知己

首先,从自己准备应聘岗位出发,了解该岗位所需要的核心能力是什么？是否符合岗位的任职资格？对于该岗位来说,自己的优缺点是什么？其次,要对自己过往的教育经历和成长经历进行梳理,看清楚自己过去的每一步是怎么走的,该如何选择,这样你才会知道自己想做什么工作,也就是我们通常所说的职业规划。

（二）知彼

首先,要尽可能多的获取对方企业的一些信息,包括公司所处的行业,该行业的发展现状,该公司在行业中所处的地位；公司的主营业务、主要产品是什么,商业模式是什么,业务发展情况如何(是否有数据可参考)；公司成立、运营的时间长短,公司规模如何；公司的融资情况如何,投资方背景,每轮投资的金额,估值多少；公司的创始人、CEO、高管的背景是怎样的；该公司在行业内的口碑如何；地理位置、交通是否方便等。

其次,针对你所应聘的职位,要尽可能多了解、分析一下对方想要什么样的人。包括该岗位的核心职责是什么,需要掌握哪些技能,岗位最大的挑战和难点在哪里,对应聘人员的素质有哪些要求等。

第三,要了解一下招聘企业的面试流程,比如面试一共分几轮,有哪些注意事项,要携带什么材料,面试反馈周期等。

（三）学会预测

要学会预测面试官可能会提出的问题,并进行模拟,做到有备无患。例如,自我介绍时,可重点强调目前的经历和能力,以表明自己的过往经历适合该岗位要求等。

此外,面试时,应聘者要着装得体,保持仪容整洁。

合作带来双赢

一家公司的策划部要招聘两名白领职员,不少人前去应聘,经过初步筛选,最后有10人进入最后的面试环节。测试开始了,主考官把大家带到一排房子前面,对大家说:"每个房间里面都有一个很重的木箱,你们可以运用各种方法,包括使用房间里的所有工具,把箱子移到指定的区域。测试时间为10分钟,最先完成任务的2个人将留在公司。"10个应聘者迅速跑进各自的房间。他们发现,房间里除了一个大木箱外,还有木棍、绳子、锤子等很多工具。那个木箱的确很重,怎么也推不动,想搬起一个角都很困难。

测试结束了,仅有2人提前把木箱推到指定区域,其余8人都没能完成任务,甚至有的木箱压根没有动过。

主考官问那2个提前完成任务的人:"你们是怎么推动木箱的?"

他们回答:"我们两人合推一个木箱,推完一个再合推另一个。"

主考官微笑着说:"恭喜两位正式成为我公司的职员。这次测试的本意就是要告诉大家,只有善于合作的人才能获得成功,尤其是策划部更需要具有合作精神的人。"

案例 3-3

提前进入角色

某校举行招聘会,学法律的小王去应聘一家公司的法律顾问一职。面试时女主考官问她:"请问假如我们在前三个月每月仅支付您工资200元,您愿意来吗?"

这道题很棘手,小王不明白考官葫芦里到底装的什么药,而且每月仅200元,伙食费都不够,谁愿意干呀?稍微想了一下,小王笑着说:"主考官不但人长得漂亮,开玩笑也同样漂亮。这不是叫人为难吗?我只想说,根据国家《劳动保障法》有关规定,工资不能低于社会最低贫困保障线。200元是否有点不妥呢?就算我愿意,法律也不愿意啊。如果公司是为了考验我的诚意,我愿意免费为贵公司服务一个月,也不能让你们一不小心违法啊!"

漂亮的女考官露出了漂亮的微笑:"没想到您一下子就进入了角色!看来,您正是我们需要的法律顾问了!"

点评: 从上述两个案例可以看出,在整个应聘过程中,面试无疑是最具决定性意义的一环,事关成败。同时,面试也是求职者全面展示自身素质、能力、品质的最好时机,面试发挥出色,可以弥补先前笔试或是其他条件如学历、专业上的一些不足。

课后习题

1. 面试的准备工作有哪些?
2. 面试技巧有哪些?
3. 请简述面试的注意事项。
4. 什么是面试礼仪,包括哪些方面?

第四章 职场适应与职业发展

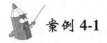
案例 4-1

职业规划要点

王理想是安徽某职业技术学院2018届汽车检测与维修专业的毕业生。从2019年11月份实习到毕业一年多,他已经跳过五次槽,仅就业协议就改了三次。刚开始实习时,他在学校举办的顶岗实习双选会上被一家汽车4S店招去做维修学徒。当时的实习工资只有1100元/月,只提供午餐,不提供住宿,每个月只有两天休息。王理想觉得工资低,无法维持每月的日常开销,因此实习结束后,他便辞职了。不久后,他在一家汽车厂做装配工,虽然工资是4000元/月,但他觉得工作单调重复,难以忍受,便又辞职,转身去了一家保险公司做起了汽车保险业务,其间还短暂地在房产中介公司做了几天销售员。没几天,他觉得汽车保险业务员的工作太枯燥,整天就是给潜在客户打电话,大多数顾客是抵触拒绝的,有的还言辞粗暴,训斥他;再加上每天必须按时上班,工资是按业务量提成的,且由于刚毕业,缺乏工作经验和沟通技巧,王理想在竞争激烈的保险行业中难以立足,不得不在一个月后再次跳槽,进了一家销售汽车配件的公司做业务员。

王理想说,在他曾经工作过的保险公司和现在工作的商贸公司,有不少同学都像他一样,是刚从高职类院校毕业的大学生。与他同专业的学生里,绝大部分人都无法接受学徒时的低工资,毕业后很多人都没有从事与专业对口的工作,而其他专业,如计算机应用专业、机电一体化专业等,虽然实习工资较高,但也存在频繁跳槽现象。存在这些现象的主要原因有:① 有的同学眼高手低,实践能力不强,无法忍受漫长的学徒生涯;② 有的同学无法每天面对重复性的枯燥乏味的工作;③ 有的同学处理不好与同事的关系,无法适应企业严格的规章制度。对于大多数应届毕业生来说,刚刚踏出校门便跌跌撞撞地走上了工作岗位,一个个难题像一道道门槛,横在这些职场新人面前。为此,对于即将跨出校门的毕业生来说,应尽早调整心态,提前规划自己的职业生涯,以便迅速适应职场环境。

点评:王理想走进社会一年多所经历的无奈和辛酸,正是许多高职高专院校毕业生共同的体验。在高职高专院校毕业生就业形势日趋严峻,各路人马如同潮水一般涌向就业市场时,高职高专院校毕业生要及时转变角色,调整心态,以适应未来职场发展。

第一节 转变角色 认知职场

每个人都会经历多次不同社会角色的转换,大学毕业走进社会,由学生角色进入职场角色是人生中一次重要的角色转变,即将毕业的大学生们需要清楚学生角色与职业角色的联系和区别,熟悉职场环境,积极主动地做好角色转变,有利于其快速适应新环境。

一、学生角色

(一)理论知识薄弱,动手能力强

虽然高职高专院校的学生入学时文化课的基础知识稍弱,但多数学生头脑机敏灵活,多有潜质;他们活泼好动,思想活跃,实践操作和动手能力较强;在自我意识中,既有自我约束力较差的弱点,又有依赖性较少、适应性和独立性较强的优点。

(二)热衷于参加各项活动

大多数学生表示对日常理论课程的学习兴趣不高,但是喜欢参加各项活动,特别是在文艺、体育、校园文化、学生社团、社会实践等活动中参与的积极性与热情极高。他们喜欢参加志愿者公益活动,充满了为国家和社会服务的热情。他们认为在活动中,其团队精神,人文、社会与生活知识,生存本领及人格气质都能得到锻炼和发展。

(三)较少心理负担

大多数高职高专院校的学生心理承受力和耐挫力强,人格更趋成熟。他们很少有"担心失去什么"的心理负担,更多的是希望改变命运、再试锋芒的愿望与冲劲;他们承认自己的不足,经得起批评教育,迫切希望人们给予信任、鼓励和机会。在新的起点,只要有新的机会,他们愿意勇往直前。

(四)富有情感,善于交际

在性格类型上,大部分高职高专院校的学生属于社交型、情感型人格,他们接受新思想、新观念、新知识、新技能、新信息等较快,且情感丰富、乐于交际、善结人缘,富有集体荣誉感和社会同情心。

(五)目标实际,较少挑剔

高职高专院校的学生求职目的比较实际,有较好的社会适应能力。有些学生避开学历劣势,发挥自己的技能优势,很快成为企业的业务技术骨干。"只要有机会,哪怕起点低",他们愿意从基层做起,善于"先就业,后择业;先生存,后发展"。只要能发展,他们大都会不失时机地提升自己,取得成就。

二、职业角色

(一)职业角色概述

职业角色是指人们在一定的工作单位和工作活动中所扮演的角色。职业角色的扮演者有一定的职业和社会地位,具备一定的相关领域知识和技能,需要遵守职场上的各种规章制度,为所在的组织做出贡献,同时能获得公司的劳动报酬,经济独立。

(二)学生角色和职业角色的联系

学生角色和职业角色是多数人一生中都会经历和扮演的,这两个角色不是截然分割的,而是紧密相连的,是一个有机整体。高职高专院校的学生在读书学习的过程中,通过勤工俭学、参加社会实践等方式了解职场,为将来真正进入社会做准备。随着知识更新的加快和就业市场竞争加剧,终身学习的理念已经深入人心,人们在工作之余仍要参加各种继续教育和再教育。总之,学生角色是职业角色的前提和基础,职业角色是学生角色的发展和归宿,二者紧密联系。

(三)学生角色和职业角色的区别

大学生步入社会,参加工作后,所面临的最大问题就是角色的转变,即从学生向职场人转变。步入职场使青年学生走进一个新的人生阶段,一个人从出生到从事社会职业活动前的漫长时期,都是处在接受社会教育之中,其目的是为踏入社会成为一名职业人做准备,以期更好地服务社会。因此,进入工作岗位后,大学生的社会角色将会发生较大转变。作为职场新人,大学生在进入工作岗位后要迅速调整自己,迅速实现角色的转变。

因此,学生角色与职场人角色的不同在于:一个是接受教育,掌握本领,接受家庭的经济供给和资助,逐步完善自己;一个是用自己掌握的本领,通过具体的工作为社会做贡献,为自己的行为承担责任,并取得相应的报酬。

三、角色转换

大学毕业生要做到尽快地实现角色转变就必须做到下列几个方面的要求:

一是要安心本职工作,甘于吃苦。安心本职工作是实现角色转变的基础。刚毕业的大学生如果不安心工作,整天三心二意,这对大学生的角色转变是没有好处的。甘心吃苦是实现角色转变的重要条件。只有甘于吃苦才能很快地适应工作,及时进入角色和实现角色的转变。

二是要放下"架子",虚心学习。许多事实证明,大学生只有放下"架子",甘当"小学生",一切从头学起,才能学会为人处世的方法,并在业务上有长进,成为真正有用的人才。对于刚毕业的大学生而言,一定不要骄傲自满。

三是要善于思考,勤于观察。经验证明,只有善于思考,勤于观察,才能发现问题并用自己的知识和能力来解决问题,这样才能培养自己独立工作的能力,才能更好地承担起相应社会角色的责任。

四是要勇于承担重任,乐于奉献。勇挑重担,乐于奉献,这是完成社会角色的重要体现。大学生奔赴工作岗位后,应当从一开始就严格要求自己,树立高度的主人翁责任感和积极奉献的精神,不计个人得失,努力承担岗位责任,主动适应工作环境,从而更好地、更快地完成角色转变。

具体地说,大学生在参加工作后,需要实现学生角色到职业角色的转变,主要表现在以下三个方面:

(一)从依赖到经济和生活的全面独立

从学生到职场人的角色转变,对人的独立性要求有了相应提高。这种独立性也包括经济独立。学生时代,经济上主要是依靠家庭的资助,进入社会后,有了工资收入,经济上也逐步独立,这种经济上的独立使得家庭和社会对其提出了应全面独立的更高要求。这种全面独立的要求,一方面为青年的发展和自我完善提供了更广阔的空间,另一方面也对青年提出了依靠自身力量,加强自我管理的人生新课题。例如,在工作上要求其能够独当一面,学习上能自我安排、发展提高,生活上会照顾自己等。

多年来,由于学生在学业上有老师的指导,在生活中有家长的关心,完全处在一种被人帮扶的环境之中,因此,在一旦被割断依赖、要求其完全独立的时候,不少青年会感到迷茫,甚至恐惧,如做件事情不知从何处着手,犹豫不决。有些原本独立性较强的人,就能较快地适应新角色的要求,经过一段时间的锻炼能够基本做到独立,从而为自身的发展和取得事业上的成功创造有利条件。

(二)从接受知识到输出知识的转变

从学生到职场人的角色转变,主要体现在其日常主要活动的变化。在学生时代,学习书本知识为其主要活动,而且这种学习主要是在外界(老师)授予的情况下进行的。而工作后,则要求自己运用所学知识解决工作中的问题,向外界输出知识,这种输出知识主要依据你所完成工作的质量和速度来评价。这种从接受到运用、从输入到输出的转变,是一个人的日常活动最主要的变化。与接受和输入相比,运用和输出对人的要求更高。接受和输入主要是要求理解,运用和输出则要求结合实际创造性地发挥。因此,有些刚刚参加工作的毕业生会感到一时难以适应,从而不能顺利地实现角色转变。即使是一些在学校学习成绩比较突出的学生也经常在这种变化中感到手足无措。因此,毕业生要充分认识这一转变,即从接受知识到创造性的输出知识,快速适应新的活动方式,实现从学生到职业人的角色转变。

(三)从对自己负责到对社会负责

在学生时代,学生的主要任务就是学习知识,增强身体素质,为将来进入社会工作做准备。这些要求的本质是对自己负责。而进入工作岗位后,由于无论何种职业角色都有其岗位职责,在工作过程中,你的工作成效都不可避免地会影响到其他人,因此,一定要对他人和社会负责。例如,一个学生学习成绩的好坏,往往反映的是学生用功与否,即使学生学习不用功,也常被看作其个人和家庭的事。而参加工作后,工作质量的好坏不再被简单地看作个人的事,往往要从社会责任的角度对其加以评判。例如,服务员在工作中对顾客冷漠,就会引起顾客的不满和反感,甚至会遭受公共舆论的批评,人们不会将其与上课时心不在焉相提并论。可见,社会对职场人的要求与学生是不同的。因为职场人在工作岗位上不负责会对他人甚至社会造成影响。只要学生走上工作岗位,社会就将以一个职场人的标准对其做出要求。但是在现实生活中,很多高职高专院校毕业生往往不能马上适应这种变化。有些毕业生,或是对单位严格的纪律和管理制度难以适应,或是对工作的要求感到过于苛刻,这就反映了他们还没有认识到自己角色转变了,还没有自觉意识到自己在岗位上应承担的社会责任。

四、职场认知

（一）职场是"物竞天择"的竞技场

管理者的领导力指标中，有一项是"创造适度的竞争压力，使团队工作者整体的表现超越单个成员最佳表现的总成果"。此时管理者肩负激发员工潜能、追求团队更高工作效能的责任。职场人只有了解职场本质，以健康、正向的心态看待同事间的合作与竞争关系，才不至于为了工作上人与事的矛盾自寻苦恼。

职场竞争的典型例子就是工作的升迁问题。在升迁名单公布之前，我们唯一能做的是，在任何时候都专注于当下的任务，持续证明自己是强有力的干练之才。因此，职场人想要在职场上脱颖而出，要学会与他人合作，能服从领导的安排，更要具备领导才能。

（二）职场是将人才变为"人力资本"淬炼池

将自己从人才变成公司里真正有价值的人力资本，是每一位职场人须为自己设立的目标，这样才不辜负职场中的激情岁月。初入职场的大学生，如何将自己转化为组织里有价值的人力资本呢？笔者认为，职场新人不妨从开会时尝试表达自己的意见开始。不要担心与他人的意见不同，更不要害怕自己说错话，年轻人最大的本钱就是有犯错的空间，不要永远保持沉默。至少，你的努力与勇气是很有机会被肯定的。

（三）职场是没有"标准答案"的考试卷

在职场环境里，决策者须在当前已知的所有条件下，尽其所能做出符合组织最大利益、最低风险的决策，这样才是一个好的决策。经济活动的决策中，没有一个决策者可以证明自己永远是对的，也没有人可以声称自己是唯一拥有正确答案的人。就这个观点而言，在充满未知的环境中，优秀决策者的表现是个人及团队的经验、智识、睿见与直觉在当下最佳的总和呈现。此时，身为团队里经验较浅的你，应该怎么做呢？例如，在看待问题时，要有更高、更广的视角，要学会用数据说话，并提出有价值的建议，千万不要懒于思考。

（四）职场是有付出就有收获的"公平秤"

作为职场新人，大学生在初入职场时，可能会为自己的发展订立一系列的目标。只是，这个阶段的新人，因缺少必要的社会阅历，对于工作目标与结果之间有何关系,尚不清楚。所以,此阶段不要想得太多太远,要专注当前的工作任务,务求每件事都做到最好,建立起自己的"品牌";要认真思考,仔细办事,让工作成果超出领导的期望,持续进步。经验需要时间的催化发酵,才能见其光辉美好。刚入职时要努力争取机会锻炼,并建立自信;要持续累积经验,并将其转化为职场上的价值。

职场新人必须要严格遵守职场"纪律",提升个人自我能力,这一点极为重要。在做事方法上,多加思辨,追究义理,完善细节,做好本分,是基本"纪律";每经历一件事,就记下心得感悟,供日后经常反思,是必要的"纪律";遇到有经验的人,无论其职位高低,都以礼相待,找机会向其取经学习,是进阶的"纪律";人际关系中,注重礼尚往来,接受他人恩惠常怀回报之忱,是做人的根本"纪律";不因善小而不为,不因恶小而为之,是正直诚信的价值观,是让人钦佩的"纪律"。

(五)职场不畏失败,追求成功

职场上的作为如果达到了原先预期的结果,就是"成功"的经验。只是,职场工作不比科学实验,输入值正确就有结果。职场里的事情很难尽如人意,即使拥有天时地利人和,结果仍未必令人满意。这也是职场的魅力。

想要在职场中获得成功,就必须学会接纳事与愿违的常态。失败,带给我们的收获既具体又实用。珍视失败带来的感悟,它是成功降临之前心灵上不可或缺的沃土养分。"失败乃成功之母",具备成功特质的人,必然是乐观向上的,能锲而不舍地从失败的经验里一次又一次地爬起,重新来过。

第二节　调整心态　适应职场

一、初入职场的不良心态

(一)好高骛远

初入职场最常见的问题是择业的盲目性。有些高职高专院校学生对自身缺乏正确定位,抱着好高骛远的就业心态进入职场,希望一下子就进入高层管理岗位或者有较高的薪资。其实,在市场经济的大环境下,人才作为一种特殊的商品,首先是要适应社会的发展,以自身条件为前提,合理地选择相应的工作。

（二）锋芒毕露

年轻人往往锋芒毕露，但在职场里，韬光养晦更为上策。太急于显露自己的才能和实力，盼望尽快得到他人的认可和刮目相看，表现得急于求成是很不可取的。这样做不仅会给人自高自大的印象，更主要的是会使你过早地成为其他人的"假想敌"，倘若你没有厚积薄发的能力，一旦成为强弩之末，就会被人嗤之以鼻，逐出场外。所以，别太拿自己当回事。

（三）怕吃亏

刚毕业的大学生被称为"职场菜鸟"，有些人平时在家或在学校都不免有些养尊处优，大事做不好，小事不屑做，工作中或者与同事的相处过程中容易为鸡毛蒜皮的小事怨声载道。其实在工作的过程中，多表达对别人的敬意并时常恰当地使用礼貌用语，或者在合理的情况下帮助别人完成工作，都不"吃亏"。平时工作中应该多考虑其他同事的感受，多感谢他们平时对自己的帮助。不要认为领导要你加班就"吃亏"了，其实学会合理加班，对自己的事业发展是很有必要的。

（四）怕说"我不懂"

毕业生初入职场，对公司的特点、运营方式尚不熟悉，工作中会遇到很多困难，要敦促自己迅速进入角色。遇到不懂的问题时，不妨直说"我不懂""我还不大明白"，多向有经验的同事请教。不懂装懂或逃避问题都不是可取的做法。

二、初入职场的良好心态

（一）认真了解企业文化

每家公司都有自己的制度和规则，它们加在一起，就构成了公司的精髓——企业文化。想迅速融入环境，就要对这些制度、规则烂熟于心，并严格遵守。初来乍到，切记莫逞英雄，若天真地想去改变公司现有的文化，只会给自己惹来"麻烦"。

（二）快速熟悉每位同事

忽然跳入一个完全陌生的圈子，面对的是一张张或亲切、或深沉、或谦虚、或倨傲的脸。从中找到几位兴趣相投、价值观相近的同事，与之建立友谊，建立自己的社交圈。这样，一旦在工作中遇到困难，不愁没人对你进行点拨；遭到恶意刁难时，也不会没人出手援助。不过要注意，与同事搞好关系应把握一个度，千万不要搞

"小团体",拉帮结派的做法百害而无一利。

(三)做事分清轻重缓急

一个人的能力、精力有限,很难在一夜之间解决所有的难题,做完所有的事情。当同时面对一大堆工作时,按轻重缓急的次序依次完成是最合理的解决之道。做好一件事,远比事事都尝试、最终却一事无成要强得多。

(四)遵守公司章程

每家公司都有自己的规章制度,比如不迟到、不早退、办公时间不打私人电话等。严格遵守公司的规章制度是每个员工应尽的责任与义务,这也是作为职场人应守的本分。

(五)任劳任怨

一般说来,一开始用人单位都会把一些琐碎、单调、技术含量低的工作交给新人,正所谓"天将降大任于斯人也,必先苦其心志,劳其筋骨",让他得到锻炼。这个阶段缺乏乐趣和挑战性,往往让大学生觉得自身价值无法体现。其实这个时候应该任劳任怨地做好工作,要相信,这只是小小考验,只有表现好,才有机会获得进一步施展才能的机会。

(六)和老板适当保持距离

怎样拿捏和老板的距离,向来是职场新人的一大困扰,既不能拒之千里,也不便"紧紧追随"。和老板适度保持距离是必要的,除了对其表示尊敬外,尽量避免"马屁精"似的跟随,否则会在无形中失去许多同事的信赖。

(七)会工作,也要会娱乐

初入职场,多参与集体活动,这是联络彼此感情、拉近距离的最快方式。很多时候,友谊就是从打打闹闹、嘻嘻哈哈中建立起来的。"书呆子"在职场中不一定会受欢迎,我们要成为既会工作又会玩的人,这样才能在职场保持良好的心态,有利于职业发展。

高职高专院校的学生初涉职场,在明确自己的职业发展目标和方向的前提下,最重要的是积累人脉资源和工作经验,尽快从一个"学校人"转变成"职场人",逐步提炼自己的职业含金量和竞争优势,确保自身能够在职场发展顺利。

三、融入团队

（一）敢于提出问题

职场上的每个工作环节之间都是有关联的。毕业生初入职场,工作中难免遇到不懂的问题,若不及时提出来,极有可能造成失误,甚至影响整个团队的效率和业绩。作为职场新人在工作中不要扭扭捏捏,要敢于提出问题,向前辈们请教,尽快适应工作,融入集体。

（二）掌握提出问题的方法

勤学好问不等于一有问题就问、随时去问,因此,掌握提问的方法就很重要:能上网查询解决的就上网自己查询,尽量做到自己的问题自己解决(在不耗费大量时间的前提下);对于一些暂时无法解决的问题,可以整理归类,在某一个时间段集中向前辈请教。

（三）做一个阳光开朗的人

对于职场新人来说,微笑是打招呼最好的方式,尤其当你初入公司,对同事还不熟悉,用微笑示意可以避免尴尬,人们总是乐意接近阳光、开朗的人。

（四）要学会尊重前辈

公司里的前辈,身上都有值得我们学习的闪光点。只有先尊重了对方,才会有进一步的沟通交流,也只有这样才能让自己更快地融入到一个集体当中。

融入一个集体并非一朝一夕的事,与身边人将关系处好就是融入集体的第一步。做一个勤学好问的"职场菜鸟"、积极认真地完成上级交代的各项工作任务,不斤斤计较于小事,自然能融入集体。

四、职场新人应坚持的原则

(1) 调整心态。初入职场,一定要调整自己的心态,要学会与同事和谐共处。同事之间,不都是钩心斗角,是既有竞争又有合作的关系。先去接纳别人,别人才会接纳你。

(2) 不过问他人隐私。无论是处于何种关系的同事,都不要过问他人的隐私。此外,还要管好自己的嘴,不要在同事背后说三道四,指指点点;若已与公司签订薪资保密协议,不要相互讨论彼此薪资待遇问题。

（3）学会尊重他人。不同的人对同一件事情的看法会不同,因此,在与同事相处的过程中,要允许别人表达不同意见,不能因为与别人的观点不一样,就认为自己与他们不同。在团队中,要学会求同存异,和睦相处,共同进步。

（4）积极参加集体活动。团建、聚餐等活动是与同事增进了解、加深感情联络的有效途径。作为职场新人,一定要积极参加公司组织的集体活动,一方面可以放松身心,另一方面还可拓展人脉关系。

五、爱岗敬业

爱岗敬业指忠于职守的事业精神,这是职业道德的基础。爱岗就是要热爱自己的本职工作,安心于本职岗位,稳定、持久地在工作中耕耘,恪尽职守地做好本职工作;敬业就是要充分认识本职工作在社会经济活动中的地位和作用,认识本职工作的社会意义和道德价值,具有职业的荣誉感和自豪感,在职业活动中具有高度的劳动热情和创造性,有强烈的事业心、责任感。"爱岗"和"敬业"互为前提,相互支持,相辅相成。"爱岗"是"敬业"的基石,"敬业"是"爱岗"的升华。其基本要求是:

（1）正确认识职业,树立职业荣誉感。

（2）热爱工作,敬重职业。

（3）安心工作,任劳任怨。

（4）严肃认真,一丝不苟。

（5）忠于职守,尽职尽责。

求职者是否具有爱岗敬业的精神,是用人单位挑选人才的一项非常重要的标准。只有那些干一行、爱一行的人,才能专心致志地搞好工作。如果只从兴趣出发,见异思迁,"干一行,厌一行",不但自己的聪明才智得不到充分发挥,甚至会给工作带来损失。

第三节 提升自我 职场发展

一、规划人生

生活总是充满了未知,在前进的路上充满着荆棘。为了达成我们的目标,成就未来,我们必须要做好自己的人生规划。

(一) 认真进行自我评估

自我评估就是对自己进行全面分析,从而了解自己、认识自己,以便给自己准确定位。评估的内容通常包括自己的兴趣、特长、性格以及沟通能力、组织协调能力等。评估的方法很多,如自评法、他评法、职业测评软件法,通常可综合几种方法对自我进行评估。

(二) 恰当确立职业发展方向和目标

职业生涯目标的确立是职业生涯规划的核心,坚定的目标可以成为追求成功的驱动力。职业目标的选择是以自己的最渊博的知识、最优性格、最大兴趣等条件为依据的。

(1) 性格要与职业吻合。需要考虑自己的合群性、自律性、灵活性、宽容性、自主性、有恒性、自信心、进取心、责任心等。

(2) 兴趣要与职业的吻合。职业兴趣特征包括:艺术性、探索性、社会性、现实性、事业性和传统性。兴趣是最好的老师,是职业生涯规划的重要依据。

(3) 能力要与职业吻合。一般能力包括:语言表达能力、数字运算能力、资料分析能力、逻辑判断能力、机械推理能力;核心能力包括:学习能力、沟通能力、合作能力、创新能力、管理能力、解决问题能力和信息处理能力等。

(三) 科学制订实施计划和措施

思想决定行为,行为决定习惯,习惯决定性格,性格决定命运。毕业生初入职场,要制订一个长期规划目标(5~10年规划),并按这个目标制订半年的执行计划,且需要有每周的计划(怎么做,输出什么,到什么程度,需要多少资源)等;此外,至少每月要进行一次工作总结,计划好下一步的工作。无论中途出现怎样的曲折,只要心中有梦,朝自己制订的长期规划目标迈进,终能实现自己的人生目标。

(四) 及时进行评估回馈和调整

生活总是充满了未知,由于自身及外部环境的变化,职业规划也要随之变化。这期间要做到谨慎判断,果断行动。谨慎判断就是无论变化多大,都要在厘清事情的来龙去脉后再做判断;果断行动就是要在做出判断后立即采取行动,重新调整自己的职业规划,最终实现人生的职业理想。

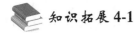 知识拓展 4-1

几点重要的人生规划

（1）要有一个明确目标。
（2）适当规划自己的兴趣爱好。
（3）为未来的健康进行投资。
（4）适当的外出旅行，开阔视野。
（5）规划中要有陪伴父母及家人的部分。
（6）积极向上的企图心和进取心。
（7）坚持不懈的工作态度。
（8）循序渐进的工作方法。

二、打造自我

（一）持续学习，提升自己的能力

毕业并不代表学习的终结，走向职场后需要学习的东西更多。在互联网浪潮的推动下，社会瞬息万变，各行各业的岗位要求随时都会发生变化。作为一个职场新人，你一定要懂得持续改进，自觉学习，不仅要提升自身的专业能力，还需要学习新的技能。职场不缺埋头苦干的人，缺的是无可替代的人。在职场中，我们可以从工作中学习新的技能，向经验丰富的同事请教工作方法；下班后，我们还可以通过其他方式，如在线学习，获取更多可提升自我的技能。

（二）抵抗压力，实现高效工作

职场讲究高效工作，时间就是金钱，在短时间内能创造更多的价值才是职场提倡的。因此，职场中的竞争无处不在，工作压力大是每个人的常态。因此职场新人一定要有抗压能力，在工作中讲究方式方法，在工作遇到挫折的时候能及时调整自己的心态，遇到了委屈先别急着倾诉和抱怨，要由内而外打破这种压力。另外，高效工作需要有时间观念，还要善于制定工作目标，每天按照优先次序轻重缓急完成工作。

（三）善于沟通，加强团队合作

在职场一个人可以走得很快，但是一群人才能走得更远。每个职场人都应有团队意识，既要为团队贡献力量，又要承认他人的贡献，如果得到了他人的帮助，就应该表示感谢，这也是团队精神的基本体现。此外，沟通能力也很重要，你再怎么有想法如果不会表达，别人就无法理解，就难与工作伙伴达成共识。

（四）善待自己，增强体魄

身体是革命的本钱。在职场中，压力过大和长期压抑会让人失眠；快节奏的工作有可能让你忘记了休息；饮食不规律，长期点外卖，也不利于身体健康。因此，每个职场人都应权衡利弊，处理好工作与生活之间的关系。

三、发展自我

对于任何一个企业来说，如果员工们能够把它当成自己的家，那么，这便是推动企业发展、实现企业目标的动力和源泉。在这个充满机遇与挑战的时代，人力资源竞争异常激励，企业的发展需要各种人才资源，企业的发展应同人力资源的发展同步，一线员工自身应不断转换角色定位，实现自我发展。职场新人若想在公司获得更好的发展，可以从下几个方面努力。

（一）树立守法纪、讲信誉、讲公道的职业道德规范，提高职业道德修养

1. 坚持强化理想信念

坚持用习近平新时代中国特色社会主义思想武装头脑，指导自身职业道德修养的提升，深入理想信念学习。理想信念是决定一个人整个精神世界是高尚的还是卑微的、是美好的还是丑恶的根本标准。要紧密结合市场竞争的新形势，针对自身在思想认识和工作、生活中出现的新问题，着重立足岗位、立足实际，把个人的奋斗目标和远大理想与企业发展战略的宏伟目标结合起来，使理想信念有的放矢，不断增强思想政治学习的针对性和实效性，努力成为有理想、有道德、有文化、有纪律符合现代企业快速发展要求的人才。

2. 坚持爱企、爱岗、立业

企业是员工生存和发展的依赖，岗位是进步的基石。企业员工应自觉接受新的知识，努力提高自身技术，立足岗位成才；企业职工应树立良好的敬业精神，使艰苦奋斗、无私奉献的思想深入人心，做到敬业、创业、勤业、精业，对企业转型发展、打造市场品牌、实现企业做强做大目标具有重要的促进作用。在市场经济的大背

景下,要敢于抵制腐朽没落的思想侵蚀,要牢固树立社会主义荣辱观,提倡爱国爱企、尊重人、关心人,扶贫帮困、艰苦奋斗、团结奉献;正确处理国家、集体与个人的关系,反对小团体主义、本位主义,反对损公肥私、损人利己的行为,把爱岗敬业落到实处。

3. 改变落后的职业道德观念

事实证明,一个行业、一家企业风气的好坏,除了受到社会环境的影响外,在很大程度上还取决于职工思想道德水平的高低和对不良行为的批判打击力度。踏实进步,行为规范,企业就安宁;放任自流,是非不分,企业就难以稳定。所以,必须正本清源,敢于谴责和批判一切不道德行为。

(二)立足岗位、求真务实、稳步提升,为企业转型发展、跨越发展、科学发展做出应有贡献

1. 稳步提升过硬的技能操作水平

企业转型的核心是人才,而人才需要有各方面过硬的技能水平做支撑,无论怎样竞争,最终归结为人才的竞争。要在激烈的竞争中求得生存,实现持续、健康、快速发展,必须积极参加公司举办的各种技能和业务知识的培训,积极参加行业或企业举办的竞赛、技能等活动,最大限度地挖掘、开发自身潜能,不断提高自身实际工作技能与水平。同时要注重实践技能训练,积极参与公司组织开展的各类岗位练兵、实践操作、导师带徒等活动,全面有效提高岗位操作的技能。

2. 稳步提高创新能力

创新是当今世界最鲜明的时代精神,创新是企业转型发展的不竭动力,也是提高生产力的重要途径。雄关漫道真如铁,而今迈步从头越。一切发展的本质在于创新,无论工作多么繁忙,都要挤出时间,自我加压,持之以恒,围绕企业发展,敢于创新。进一步解放思想,克服小胜即满、小成即止的思想,突破个人主义和自我思维壁垒。结合自身条件,查缺补漏,充实自我、超越自我、战胜自我、完善自我、发展自我,才能成为适应新形势、新任务要求的强者。从先进典型中找经验,从开拓创新中找路径,使转型发展思路更宽,跨越发展创新更多,攻坚克难的水平更高。

3. 稳步转变服务意识

路漫漫其修远兮,吾将上下而求索。面对转型升级带来的新情况、新问题,从细微处入手,在平时的工作中,注意一点一滴、一言一行,多动笔,多动手,多动脑,用心做好每一件事,努力在本职工作上尽善尽美。同时,发挥好先锋模范带头作用,积极争优,发扬团队服务精神,协调服务意识,为公司发展尽一份力量,同舟共济,再创辉煌。

4. 稳步塑造学习型员工

古人云:学习是内修身、外立业的法宝,学以致用,用有所成。当今,我们正处在知识创新的时代,知识经济时代已经到来,大量新思想、新知识、新事物不断涌现。面对千变万化的技术课题,若不学习,必被淘汰。因此,不管哪一个岗位的员工,无论是领导干部还是基层工人,要以建立学习型组织、做知识型员工为契机,积极参加公司组织的各类培训班和业务学习交流会,丰富自身业务知识的同时,扩大视野。利用业余时间充实自己,全面提升个人素质,不断更新自身知识储备,提高个人思想政治素质,增长本领,适应时代经济转型发展。

5. 稳步提升安全生产意识

提高员工安全生产意识是安全生产的根本,是健全企业安全文化的基础。安全生产是一个循序渐进的过程,是一项长期而艰巨的任务。无论是基层员工还是企业领导,都应加强学习有关安全生产的法律法规知识,时刻紧绷安全生产这根弦。企业可组织员工观看安全警示教育宣传片、参加安全生产座谈会和生产事故案例分析会等,转变员工安全生产观念,即从"要我安全"转变为"我要安全",达到生产必须安全、安全促进生产的目的。

6. 稳步增强主人翁意识

主人翁意识是指一个人在基本符合某一个岗位任职资格的前提下,进入到该岗位中,按照该岗位的要求,履行和完成岗位所赋予的全部工作,实现个人的社会价值。企业的经济效益和社会口碑不仅与领导者的管理水平有关,还取决于员工是否具主人翁意识。因此,企业员工要充分发挥主观能动性,树立集体意识,保持良好的心态,全身心地投入工作,为企业的发展贡献力量。若员工缺乏主人翁意识,那么其个人目标与企业目标、个人利益与企业利益等方面的协调、统一难以实现。所以,企业员工应稳步增强主人翁意识,增强对企业的归属感,实现责、权、利的和谐统一。

(三)提高综合素质,主动适应发展需要,推进企业转型发展

在科技高速发展的今天,社会的劳动结构、生产方式、生活方式都发生了很大的改变,所需的技能和知识更新速度加快。这就要求员工积极向上,不断地学习新的知识和技能,努力提高自身素质,主动适应社会和岗位发展的需要,在竞争中成为优胜者,在企业中发挥作用,以实现自我的价值。

1. 解放思想,扎实工作,及时更新知识

当今世界科学技术迅猛发展,新事物、新知识、新理念层出不穷。一个人不学习,思想观念就得不到及时更新,知识结构就会变得陈旧落后,就会跟不上时代发展的步伐。树立劳动是生产要素的观念,努力提高工作业绩,不断激励自己,在竞争中求得进步。

2. 倡导健康生活理念,提高身心素质

常言道,身体是革命的本钱,没有健康的身体和心理,其他的一切都成了无本

之木、无水之源。现代社会生活方式的改变、生活节奏的加快、生存竞争的加剧,容易使人产生心理失衡的感觉。例如,有的人对工作、对同事缺乏热情,有的人不能正确处理与同事、与客户的关系,因此,可适时有目的地有针对性地参加文体活动、公益活动、技能竞赛活动等,既能放松身心、愉悦心情,又能培养团队精神和竞争意识,从而使自己更好地工作。

四、提升自我

作为新员工,必须要快速地提升自己的工作能力,使自己胜任目前的工作岗位。主要包括以下5个方面:

第一,一个人的工作能力主要取决他的知识、技能和工作态度,因此我们要想快速提升自己,必须使自己端正工作态度,热爱工作,拥有激情且可持续地把工作做下去。态度决定一切。

第二,敢于面对问题,不逃避,不推卸。初入职场,新员工在工作中会遇到各种各样的问题,有时出错也在所难免。此时,我们要有迎难而上的勇气,面对工作中的难题和困难,要积极地想办法去解决,不怨天尤人。每成功解决一次工作中的问题,我们的工作能力就会得到一次提高,丰富了工作经验,从而获得满足感和自豪感。面对困难就是要找到解决困难的办法,积极主动地去应对它,提升自己,当机会来临时,才能抓住。

第三,我们要加强自己的执行力,树立结果意识。在职场中,我们每做一件事情都要以结果为导向来约束自己,树立"不重苦劳重功劳,不重过程重结果"的意识,并要求自己做到以结果导向。

第四,拥有创新思维。创新是企业发展的灵魂,也是我们为企业发展贡献的升华。思路决定出路,脑袋决定口袋,想法决定活法,创意决定生意;我们要不断创新,提醒自己要不断追求卓越。

第五,对企业忠诚,认同企业的价值观。忠诚是对工作负责的动力,忠诚的态度是敬业的土壤,我们要对企业忠诚,有责任感。因为忠诚和有责任感是一种品德,更是一种能力,是其他所有能力的统帅和核心,缺乏了忠诚和责任,其他能力都将失去用武之地。对企业忠诚,可以使自己在心灵上与企业一致,使自己各方面得到快速提高。

案例 4-2

A 男,2015 年计算机专科毕业,后进入某研究院下设的 IT 公司工作,主要从事网络建设方面的工作。工作期间,他勤奋刻苦,任劳任怨。三四年后成为单位骨干,升做主管,手下有员工 5 人。

B 男,2010 年计算机专科毕业后,进入一家比较著名的公司工作,从事网络监管和维护工作。一开始薪水非常少,分配给他的工作也非常简单,但是比较繁琐。他工作起来相当认真负责,虽然薪水较低,但是遇到加班(经常周末加班或者通宵加班)等,他也从不推脱、不埋怨。渐渐地,他的上司开始器重他,将重要系统的维护工作都交给他,但是薪水仍然很低。他没有推脱,全部接下并做好。上司开始为他争取加薪机会,慢慢地,他的工资与奖金比其他一起进来的同学高很多。但是由于制度问题,工作 4 年后仍旧没有转正的希望。有一次,他与设备维护商合作得非常愉快,对方非常欣赏他,以近 2 倍的薪水将其挖走。4 年后,他的薪水已经是当年进原公司时的 5 倍。

C 男,B 的同事。进公司的时候与做 B 同样的工作,但是 C 是能偷懒就偷懒,工作上碰到任何问题都不会主动去解决,其上司与其他同事考虑到他薪水不高,也就不过多要求他。于是他一直做比较简单的工作,薪水一直维持在进公司时的水平,在 B 跳槽 3 年后、薪水已经翻了 4 倍的时候,C 也忍不住辞职了。但是由于其经验与能力不足,在家人的帮助下,去了一家比较著名的网站公司任网管,薪水比原来仅高 500 元而已。

D 男,B、C 不同部门的同事。原本 D 在一家 IT 民企工作,与该著名公司合作某个项目,后因该项目需要长期发展,因此公司将 D 从原来的民企挖过来,薪水起点与 B、C 一样。D 比 B、C 晚 2 年进该公司,进去之后,他只做分配给他的工作,不偷懒也不勤奋。D 所在的部门工作比这两人轻松得多,时常也可以牵头做点项目。由于该部门的人事关系比较复杂,他经常做得很多,但是成果都被其他人拿去,公司领导对他印象不深,薪水基本没有变过。后来,由于大环境的不景气,一些额外的补贴也渐渐取消。

后来,B、C 都跳槽了,D 仍旧在那个公司,也没有升职加薪,目前已经 30 岁,好的工作机会也不多了。D 所在的部门曾经有很多人都辞职在外开公司,他一直没有离开过。

点评:A、B、C 3 人在一样的起点,若干年后的境遇差异之大让人感慨,分析其原因,可能归为以下几点:

(1) 工作能力与工作态度。

在没有背景的情况下,职场的口碑是靠自己用实际表现来建立的。不要计较一时的得失,多学习多做事,得到的经验与能力都是自己的。有能力的人不会被埋没,就如同是金子在哪里都会发光一样。相反,太计较一时的得失,认为自己拿多少钱就只做多少事,那就永远只能拿这点钱,浪费的是自己最宝贵的机会成本。

(2) 为自己创造机遇。

要多做对外合作的项目,多接触不同的公司,这样才有更多的机会让别人了解你,也会有更多的机会得到好的职位。例如,先去比较好的公司做甲方,虽然因为学历关系可能没有什么升职加薪的前途,但拥有一定的甲方人脉资源,熟悉甲方的内部系统与流程。同时,可接触较多的乙方公司,只要对方认可你的能力,当你想跳槽的时候,自有人会抛出橄榄枝。

(3) 要有情商。

处理好与上司、同事及客户的关系,很多时候这些人脉资源也是你跳槽的资本。人脉资源永远是最重要的,如果将来准备创业,在工作时就要注意相关方面的积累。

课后习题

1. 简答题

(1) 如何适应职场?

(2) 如何处理职场关系?

(3) 未来的你如何做好职业规划?

(4) 如何提升自我?

2. 讨论

结合案例 4-2 中谈谈你对创业的认识。

第五章 大学生创新创业能力培养

 案例 5-1

返乡创业助脱贫

"'新冠'疫情期间也有订单,特别是进入3月,香草销售量猛增,已达30多万元。"3月24日,安徽亳州涡阳县高炉镇五爱村香草种植大户韩明告诉记者。眼下是销售旺季,韩明和工人们每天都在加班加点把香草打包、发货。

今年32岁的韩明,大学毕业后在外地有着月薪万元的稳定工作,工作环境优越。但过着平淡生活的他心有不甘,决定返乡创业,实现自己的人生价值。通过外出参观学习考察,他发现特色香草市场潜力大、前景好。

2016年9月,韩明顶着村里人的不理解和亲友同学的质疑,在自家承包地建了2个大棚,试种香草。经过2年努力,韩明2个大棚创造收入10万元。收获创业第一桶金后,韩明夫妻俩又逐年扩大香草种植规模,从当年2个大棚发展到现在的36个大棚,香草品种从几种发展到目前的100多种。2019年8月,韩明成立了公司,注册了品牌商标。

"开辟线上销售渠道,打造淘宝店铺,运营微店,2019年仅淘宝网络销售额就达107万元。"韩明说,2020年36个种植大棚全部投入生产。韩明认为,随着人们生活水平的提高,对花草绿植的需求会越来越大。

韩明说,目前香草主要销往上海、广东等地。2019年4月,韩明受邀参加第一届中国花园节,和全国数十家企业建立了合作关系。公司采用"基地+贫困户"的形式,带动本地30人就业。

点评:韩明创业的成功,一方面得益于随着社会的发展和人民生活水平的提高,人们不再满足于物质需求,更追求精神方面的高层次,对花草绿植的需求增大,这是韩明成功的外部契机,但另一方面韩明的不甘于现状的创新意识、捕捉创业机会的能力、吃苦耐劳的精神、管理企业的能力等更是他成功的关键。

(案例来源:中国就业网 安徽涡阳:返乡创业助脱贫[EB/OL].(2020-04-08).http://chinajob.mohrss.gov.cn/c/2020-04-08/198000.shtml)

第一节　大学生创新创业概述

一、创新创业的含义

创新创业是指基于技术创新、产品创新、品牌创新、服务创新、商业模式创新、管理创新、组织创新、市场创新、渠道创新等方面的某一点或几点创新而进行的创业活动。创新是创新创业的特质,创业是创新创业的目标。

创新创业是基于创新基础上的创业活动,它既不同于单纯的创新,又不同于单纯的创业。创新强调的是开拓性与原创性,能够给资源带来新价值的活动;而创业强调的是通过实际行动获取利益的行为。因此,创新是创业的基础和前提,创业是创新的体现和延伸。创新创业能够带动新技术、新产品、新业态、新模式不断涌现,极大地促进了经济发展新动能的发展,催生了多种灵活的就业形态。

二、大学生创新创业的优势

第一,大学生对未来充满希望。

大学生有着年轻的血液、蓬勃的朝气以及"初生牛犊不怕虎"的精神,而这些都是一个创新创业者应该具备的素质。

第二,大学课程学科专业优势。

大学生在校期间不仅学习了很多理论性的知识,还有着较高层次的技术优势。通常,一些风险投资者就是因为看中了大学生所掌握的先进技术而愿意对其进行投资。此外,大学期间开设的课程大都有一定的内在关联性,学生从中学到的是一种理念和一种思维方法,有利于大学生进行创新创业。

第三,大学生有创新精神。

高校给大学生提供了许多培养创新能力的平台,如大学生社团,锻炼了学生的沟通能力、组织能力、事务处理能力等。此外,全国各高校还为广大大学生组织了各种创新比赛,引导大学生的创新创业意识。一般来说,拥有创新精神的大学生往往对传统观念和传统行业有挑战的信心和欲望,这是大学生创业的动力源泉。

第四,大学生具有团队组合优势。

组建高效的团队是创新创业成功的开端,大学生创新创业团队多为年轻人且成员间相互熟悉,因此彼此间的信任度较高,融合性较好,有共同的意愿,团队的凝聚力强,从而减少了部分风险。此外,每个成员都有自身的优势,在团队中担任不同的角色,资源互补,协同共振,具有良好的团队互补性。

三、大学生创新创业的意义

李克强总理在2014年夏季达沃斯论坛上提出了"大众创业、万众创新"的口号。2019年,我国大学毕业生达800多万。经济转型所带来的就业岗位的变化给高职高专院校的学生带来了很大的压力。在这一背景下,创新创业被认为是缓解就业压力、充分发挥学生自身能力的一个途径,无论是对学生自身还是对社会来说,都意义重大。

(一)大学生创新创业为社会创造出更多价值

大学生是一个充满活力的群体,大学生创新创业可以促进经济的快速发展。大学生创新创业的不断深化,可以为我国经济带来新的活力,甚至可能催生其他新的经济。知识经济的快速发展为人类的进步提供了巨大的机遇和动力,它要求人们要具有敢于抓住这些机遇的勇气,并且能够为抓住这些机遇而脚踏实地地从事各种艰苦细致的工作。大学生是具有丰富的知识技能和创新潜力的时代精英,应该顺应知识经济发展要求,努力为这个时代创造更多的价值和财富。

(二)大学生创业促进创新型文化的产生

大学生创业的文化精髓就是创造,主要包含两个方面:一是自我发展,自己创造新事业、新生活,自己的命运自己主宰;二是通过创业拯救社会、振兴社会,承担起新一代青年应该有的责任和担当。创新型教育和就业模式的涌起,逐步形成了以创新为核心的创新型文化,这必将逐步取代"啃老"型文化和分配型文化,并且深刻影响着我们整个社会创造型文化的兴起。

(三)大学生创业为社会提供更多就业机会

随着高等教育改革进程的不断深入和发展步伐的不断加快,高等教育已由建国之初的精英教育发展为现在的大众教育。伴随着高等教育大众化到来,高校毕业生"就业难"问题日渐突出。大学生与社会力量合作、与同学合作创造属于自己的产业或社会新的产业,不仅是一种可能,而且是一种必需。大学生创业不仅可以解决创业大学生自身的就业问题,还可以为社会提供更多的就业岗位。

（四）创业提升大学生的生活质量，有助人生价值的实现

创业是市场经济条件下大学生实现个人价值的重要途径之一，市场经济崇尚个人价值的实现，提倡和鼓励竞争，而我国社会主义市场经济的发展和完善为大学生创业提供了相对宽松的环境。创业需要一个人各方面能力都有很好的发展，创业的过程中，个人的能力会得到充分的展现。大学生创业激发了大学生创业者的想象力、思维力，激活了他们的创新力、创造力，培养了创业者的策划力、执行力，同时也增强了创业者的团结力、领导力，帮助他们取得事业上的成功。事实证明，创业能够提升人生的意义和价值，提高生活质量，创业的成功会给他们带来满足感和幸福感。

四、高职大学生创新创业的现状

（一）创业成本太高，资金储备不足

在创业之初，大部分创业者持有的资金有限，后备存储不足。对于许多初创业者来说，可能或因为过高的劳动力、租金等成本以及后备资金链短缺，最终导致创业失败，所以，资金问题是大学生创业路上首要解决的问题。在创业成本居高不下的残酷现实面前，面对日益激烈的市场竞争，大多数初创企业在初期收益较为微薄，企业生存风险十分巨大。

（二）创新创业兴趣浓厚，但创业经验不足

大学生对创新创业具有浓厚的兴趣。但作为刚步入社会的大学生来说，其社会经验不足，在创业的过程中可能会遇到各种各样无法预测的问题，如何解决这些问题，是他们需要学习和思考的。

（三）创业项目多，但是选择困难

选择创业项目是创业者首先需要解决的问题，它也是创业的出发点。由于在创业过程中有很多的未知因素，故选择一个合适的创业项目能够有效减少投资的不确定性因素。对于大学生创业者而言，究竟是根据自己所学的专业知识、特长及结合自身的爱好选择创业项目，还是根据市场发展需要选择项目，这是他们需要衡量选择的。我国的创业教育，尤其是高职高专院校的创业教育，起步相对较晚，相关的创业教育体系、创业课程的设置、政策的落实等都不成熟，这对准备创业的大学生来说，也是一种挑战。

（四）创新创业教育有所提升，但是需要加强

随着经济全球化发展，我国的高等教育正在大力推进素质教育改革，向大众化、信息化转变。近二十年，我国的教育改革取得阶段性成绩，慢慢地从应试教育向"开放教育"、向就业创业教育在内的素质教育的不断转变。但总的来说，目前我国高校的创新创业教育尤其是高职高专院校的创新创业教育仍处于相对落后的阶段。由于在资金、人员配置上的不足，学校往往缺少富有经验的创新创业团队，导致学生缺乏创新创业的基本素质。

第二节　大学生创新创业能力培养

大学生创新创业能力包括交流沟通能力、分析判断能力、团队协作能力、应变创新能力和持续学习能力。一个成功的创业者必须具备上述五种基本能力。

一、交流沟通能力

在创新创业过程中，创业者要与形形色色的人打交道，如创业团队成员、投资者、消费者、金融机构、政府部门等，如果创业者不会沟通，就不能聚拢人心，就不会获得投资者的支持，继而得不到消费者的认可。那么，创业者如何做到有效沟通呢？主要有以下六个步骤：

（1）事前准备。包括设立沟通目标，制订沟通计划，预测可能遇到的异议与争议。

（2）确认需求。在沟通过程中，首先要确认对方的需求是什么。如果不明白这点，就无法最终达成共识。

（3）表述观点。把自己的观点通过合适的方法表达给对方。

（4）异议处理。解决对方的疑问和不满。

（5）达成共识。是否完成了沟通，取决于最后是否达成了共识。

（6）共同实施。按照已达成的共识去落实实施。

二、分析判断能力

一个人最重要的能力是判断力。具体来说，创新创业者应从以下几个方面来

培养自己的分析判断能力：① 要做有心人，平时多进行市场调查，在此基础上进行决策；② 要养成多思考的习惯，对可能出现的结果进行分析，同时准备好应对措施；③ 要向同行学习，集思广益。

三、团队协作能力

团队协作能力是指建立在团队基础之上，发挥团队精神，互补互助，以达到团队最大工作效率的能力。提高团队协作能力，使团队的作用发挥到最大需遵循以下几个原则：① 平等尊重，相互信任；② 包容宽厚，相互欣赏；③ 良性竞争，激发活力；④ 步调一致，团队至上。我们强调团队精神并不反对个性张扬，但个性必须与团队的步调一致，要有整体意识和全局观念，形成整体效能。团队至上是团队存在和发挥最大效能的基本理念。

四、应变创新能力

应变创新能力包括应变和创新两种能力，二者密切关联、相互融合。创新是变化的主要方式，变化是创新的必然结果。应变能力是指人们在外界事物发生改变时所做出的反应，是当代人应当具有的基本能力之一。人的一生会遇到许多问题，比如事业、家庭、情感、健康、经济、人际交往等方面，都可能面临一些问题，特别是随着社会竞争的加剧，人们所面临的变化和压力与日俱增。应对各种变化能力的强弱，能否在变化中产生应对的创意和策略，往往就决定一个人未来的走向和能走多远。

五、持续学习能力

在知识爆炸的当今时代，要求我们随时随地学习，以积极应对时代潮流的冲击与要求，否则就可能被社会淘汰。

学习能力主要包括制订学习目标和计划的能力、阅读能力、分析归纳能力、信息检索能力等。培养良好的持续学习的能力应注意以下几点：

（1）心态归零，吐故纳新。不囿于已取得的成绩和能力，从零开始，保持对环境变化的敏感度，不断学习新知识。

（2）精益求精，学有所长。对于创业者而言，学到的知识越多，其能力就越强。但是人的精力是有限的，"门门精通"往往会变成"门门不通"。创业者应该学会选择，在某些领域要精益求精，具备一技之长；在某些领域略有涉猎即可。

(3)开阔视野,终身学习。学习能力的表现之一就是善于发现学习的榜样,学其长处,补己短板。如果仅仅局限在一个小的范围内,视野得不到开阔,就会变成井底之蛙,丧失学习的动力和能力。只有走出去,不断接触新事物和新观点,才能找到自身的差距。社会的发展越来越看重能力,创业者不能因为获得了一定的文凭就停止学习,而是要树立终身学习的理念。

第三节　高职高专院校学生创新创业能力培养策略

一、大学生创新创业教育的思路

(一)做好创新创业教育教学改革设计

将创新创业教育作为高职院校综合改革的重要内容,进一步明确把创新创业教育改革贯穿于人才培养和就业全过程,把培养学生的创业意识、创新精神和创新创业能力作为高素质技术技能型人才培养的重要内容纳入专业人才培养目标,加强决策领导、组织协调及落实执行各环节工作。

(二)抓好专业教育和创新创业教育融合发展

构建专业教育和创新创业教育有机融合、相互支撑、紧密协同的教学体系是提升"双创"人才培养质量和学生核心竞争力的必由之路。改革人才培养模式,创新人才培养方案,把创新创业教育融入人才培养全过程,将创新精神、创业意识、创新创业能力列为评价人才培养质量的重要指标。要建立系统规范的课程教学体系,将创新创业的实践课程作为课程内容的一部分,让学生在课堂上学习的理论知识与社会实践相结合,使学生创新创业能力得到实质性的提升。

(三)建设高素质创新创业师资队伍

增强专业课授课老师的创新与创业教学意识和能力,准确的定位专业课教师在创新创业教育当中的地位和作用。增强教学知识体系设计的科学性、合理性。结合就业形势,突出创新能力的要求,阐明创业与专业课程学习之间的关系,真正发挥专业课程教师在创新创业教育当中的作用。

在高职高专教育的改革中,应以创新创业能力培养为基础,与专业知识相融合,强化实践,从而全方位的提升自身能力,实现专业能力与创新创业能力的结合。

二、激发高职高专院校学生创新创业的动机

(一)培养创新创业意识

虽然很多高职高专院校学生在校期间已开始思索人生的意义,有的人产生了毕业后就创业的意识,但大多数学生认为创业离自己很遥远,从没有想过要自己创业。因此,我们必须通过以课堂形式为主的创新创业教育课帮助大多数学生树立创新创业意识,激发他们的创新创业动机。

(二)激发创新创业的动机

具体来说,可以从以下几个途径进行培养:① 在校内举行创新创业设计大赛等活动,让学生在活动中获得成功的体验,从而获得创新创业的信心和成就感;② 邀请成功人士来学校为学生做讲座,或通过报纸广播等媒介向学生宣传创新创业的成功案例,通过熟悉他人的创新创业过程,激发学生的创新创业动机。

(三)营造有利的创新创业环境

有利的创新创业环境可以减少青年学生创新创业过程中的阻力。首先,高校应开设专门的创新创业教育课,加强学生的创新创业教育。通过多种媒介传播有关创新创业的信息,营造良好的创新创业氛围;建立创业指导部门,配备专业的指导老师,切实做好青年学生创新创业的扶持工作。其次,可为青年学生的创新创业寻求政策支持。构建公平公正的市场秩序,为学生创新创业营造良好的市场环境。再次,社会应包容青年学生的创新创业行为。对于青年学生的创新创业行为给予鼓励与支持,对于失败者予以宽容与保护。

总之,高校、政府、社会应重视学生创新创业教育工作,通过各方努力和通力合作,培养学生的创新创业动机,鼓励创新创业行为,切实调动学生的创新创业积极性,使更多的学生投身到创新创业活动中来。

三、高职高专院校学生创新创业能力培养路径

(一)打破思维定势

通常人们习惯于沿着事物发展的正方向去思考问题并寻求解决办法。但是,

当按照常规方法无法解决问题时,可运用逆向思维去思考,往往能出奇制胜,取得意想不到的效果。

(二)用发散思维思考

俗话说"条条大路通罗马"。人的思维也是一样,面对一个问题,应该多角度思考,发散思维。发散思维没有一定的方向,也没有一定的范围,它不墨守成规,也不拘于传统,它使得思维由单向思考转为多向思考或者立体思考。因此,我们可有意识地训练自己的思维,使自己的思维处于异常活跃的状态。

(三)集中思维

集中思维是指在发散思维的基础上,将获得的若干信息或思路加以重新组织,使之指向于一个正确的答案、结论或方案。具体说来,就是对发散思维提出的多种设想进行整理、分析、选择,再从中选出最有可能、最经济、最有价值的设想,并加以深化和完善,从而获得一个最佳的方案。集中思维与发散思维,如同一个钱币的两面,是对立的统一,具有互补性,不可偏废。实践证明,在教学中只有既重视培养学生发散思维,又重视集中思维的培养,才能较好地促进学生的思维发展,提高学生的学习能力,培养高素质人才。

(四)学会联系

一个好的创意离不开联想。通过联想可能会有千千万万个创意涌现出来。万事万物总是相互联系的,只要善于发现,勤于思考,总能找到事物的联系。联想思维是指使不同表象之间发生联系,但没有固定思维方向的自由思维活动,包括幻想、空想、玄想。其联想无条条框框的限制,涉及的事物不一定有逻辑关系。联想思维可以在创造活动中帮助人们摆脱习惯性思维的束缚并从众多的信息中获得有益的启发,产生新想法。

 知识拓展 5-1

小测试:创新创业能力测试

下面有 10 句话,根据实际情况与想法,分别在后面注明 A、B 或 C(A=同意,B=拿不准,C=不同意)。

(1)我不做盲目的事,总是有的放矢,用正确的步骤来解决每一个具体问题。

(2) 无论什么问题,我总是比别人难产生兴趣。
(3) 我不尊重那些经常做没把握事的人。
(4) 在解决问题时,我常常凭直觉来判断。
(5) 在解决问题时,我分析问题较快,而综合所掌握的问题较慢。
(6) 我有较好的审美能力。
(7) 我的兴趣在于提出新的建议,而不是设法说服别人去接受这些建议。
(8) 我喜欢一门心思苦干的人。
(9) 我不喜欢提那些显得无知的问题。
(10) 那些使用古怪的和不常用词语的作家,纯粹是为了炫耀自己

分值:

(1) A:0分   B:1分   C:2分
(2) A:0分   B:1分   C:4分
(3) A:0分   B:1分   C:2分
(4) A:4分   B:0分   C:-2分
(5) A:-1分   B:0分   C:2分
(6) A:3分   B:0分   C:-1分
(7) A:2分   B:1分   C:0分
(8) A:0分   B:1分   C:2分
(9) A:0分   B:1分   C:3分
(10) A:-1分 B:0分   C:2分

结果分析:

22分以上:你有较高的创造性,总能想出一些别出心裁的点子,喜欢与众不同。人们对你的评价也有很大出入,有人认为你不安分,哗众取宠,也有些人欣赏你这种总是令人出乎意料的风格。世界因为你们的存在才更加多姿多彩,请保持这种个性。你适合于从事环境较为自由,没有太多约束,对创新性有较高要求的职位,如美编、装潢设计、工程设计、软件编程人员等。

11~21分:你善于在创造性与习惯做法之间找到均衡,你具有一定的创新意识,并不墨守成规,经常会提出一些新颖的想法,但同时你也很注意尊重其他人的传统习惯,不会做出过于惊世骇俗的事情。你这种个性对于管理岗位十分适合,同时也适合从事其他许多与人打交道的工作,如市场人员等,因为人们在与你交往时既觉得有趣,又不会因为过于激进而不能接受。

> 10分及以下：你属于循规蹈矩的人，做事总是有板有眼，一丝不苟。你认为既然规章一经制定，必定有它存在的理由，最好还是遵守它，这样才能保证社会的正常秩序。你适合从事对纪律性要求较高的职位，如会计、质量监督员、仓库保管等职位，这些职位都要求严格遵守规章制度，与你的个性十分协调。
>
> （资料来源：王垒.王欢,创业测试：你有创造个性吗？[EB/OL].（2016-12-06）.http://www.360doc.com/content/06/1206/10/10587_284173.shtml）

 课后习题

1. 高职高专院校学生创新创业的优势有哪些？
2. 应从哪些方面对高职高专院校学生的创新创业能力进行培养？

第六章　大学生创业准备

案例 6-1

"80后"小伙不再青春，创业他专注于绿植园艺

江苏枫茂农业科技有限公司董事长张炳华从小喜欢绿植，大学选了园艺专业。从浙江宁波城市技术学院园艺专科毕业后，又到南京林业大学、浙江农科所和中国林科院工厂化育苗中心学习了7年，这些都为其创业奠定了坚实的基础。毕业后张炳华自主创业，与花花草草打交道。从培育彩色枫叶到玫瑰花、薰衣草、鲁冰花，还种植了油桃、黄桃，他用自己的知识提升种植技术水平，发展可持续性现代农业。这个"80后"小伙子不仅自己成功创业，还为村民打造了一个"花园式"村庄。

2008年的上海花博会之旅成为张炳华的人生转折点。"各个国家都用最珍稀、最具代表性的植物来装点展馆，在那里，我第一次见到彩叶植物。"张炳华说，千篇一律的绿色植物已满足不了人们的审美需求，回靖江后，他就萌生了种植彩叶树的想法。

"当时国内的彩叶树研究仍处于萌芽期，市场上优良的彩叶树非常少，在泰州地区更是少见。"张炳华介绍。2009年，他在生祠镇利珠村流转了近百亩地，成立了泓森合作社，委托苗木公司从国外引进了16种珍稀彩叶枫，开始了创业之路。近年来，张炳华先后从美国、日本、加拿大等十余个国家引进500多种彩叶枫，目前成功培育356种，种植面积达到500亩。同时，他还潜心钻研出红枫快繁育一体化智能控制器、感应式自动补氧设备、械树科植物叶面色彩校正装置等设备，拥有2项国家发明专利、10项国家实用新型专利。

点评：创业者只有做好充分的准备，创业成功的可能性才会比较大。张炳华的成功，与其创业之前充分的准备分不开。他在发现了种植彩叶树的商机后，进行了扎实的市场调研和技术攻关。在创业过程中，他还时刻关注市场，潜心研究科技种植的设备。这些都是创业的筹码，大大增加了创业成功率。

（资料来源：顾海燕."80后"小伙不再青春，创业他专注于绿植园艺[EB/OL]. (2017-08-22). https://www.xiaojinzi.com/net/m1248348com.）

第一节 激发创业动机

一、涵育创业精神

(一) 创业与创业精神

创业是指对自己拥有的资源或通过努力对能够拥有的资源进行优化整合,从而创造出更大的经济或社会价值的过程。创业精神是指在创业者的主观世界中具有的开创性的思想、观念、个性、意志、作风和品质等精神。

二者既有区别,又有联系。创业本身是一个无中生有的历程,只要创业者具备求新、求变、求发展的心态,以创造新价值的方式为新企业创造利润,我们就能说这一过程中充满了创业精神。创业精神的主要含义为创新意识和主动精神,即通过创新手段更有效地利用资源,为市场创造出新的价值。其类似于一种能够持续创新成长的生命力,一般可区分为个体的创业精神和组织的创业精神。其中,个体的创业精神是指以个人力量,在个人愿景引导下,从事创新活动,进而创造一个新企业;组织的创业精神则指在已存在的组织内部,以群体力量追求共同愿景,从事组织创新活动,进而创造组织的新面貌。也就是说,创业常常是以开创新公司的方式产生,而创业精神所关注的在于"是否创造新的价值",而不在于是否设立新公司。

事实上,创业精神不一定只存在于新企业,一些成熟的组织,只要有创新活动,则该组织依然具备创业精神。从本质上讲,创业精神的关键在于创业过程能否"将新事物带入现存的市场活动中",包括新产品或新服务、新的管理制度、新的流程等。因此,我们可以说,创业精神是促使企业形成、发展和成长的原动力。

(二) 创业者特征

案例 6-2

看看谁是合格的创业者

(1) 邓小明是一名去年毕业的大学生,学的是计算机专业。大学期间,他痴迷于对数码产品的研究,经常帮室友修电脑、修手机,学得一身好本领。大学毕业后,他回到家乡,说服了父母,开了一家数码维修店,经营手机、电脑配件和相关的维修,整个店面的投入资金在5万元左右。邓小明是一个努力和很有耐心的人,一开始店里的生意冷淡,他毫不气馁,凭借高超的维修技术,解决了当地居民数码设备的各种疑难杂症,备受当地人称赞。在邓小明的坚持下,他的生意终于迎来了曙光,越来越好。

(2) 王强在大三的时候,由于家里拆迁获得了一大笔拆迁费,因此他大四没有去找工作,而是选择利用这笔拆迁费创业。王强很看好餐饮行业的市场,觉得开一家餐馆一定能赚钱。在父母的支持下,王强选择在某写字楼楼下开了一家餐馆,主要经营快餐、炒菜、面点,但是王强自己不懂厨艺,于是花高价请了两个大厨,然后还请了几个服务员,自己就当个甩手掌柜,负责收钱。一开始,王强开的餐馆生意还不错,可是王强觉得请的两个大厨动作慢,脾气相当暴躁,于是就想方设法刁难他们,想让他们提高速度。有个服务员想请假回家看父母,王强不准,因为那几天生意很好,王强叫她过几天再回去,于是服务员很生气就离职了,离职之前还煽动其他员工离职。由于王强丝毫不顾及员工的感受,导致员工的流动性相当大,顾客等餐时间长,生意也越来越差,最后只能关门了。

点评:随着国家教育管理部门推出越来越多的鼓励、扶植大学生创业的政策,越来越多的大学生开始尝试创业。然而很多大学生创业凭借的是一腔热情,缺乏相应的创业者素养,导致校园创业浅尝辄止者众。真正的创业者清楚地知道自己想要的是什么——是追求安逸还是勇于挑战。真正意义的创业也需要更多的锤炼与积淀。

经济学家普遍认为,创业者是主动寻求变化、对变化做出反应并将变化视为机会的人。他们的创业精神是刺激经济增长和创造就业机会的一个必要因素。总体来说,具有以下四点:

1. 创新意识

创新意识是创业精神的核心。因为创业行为是具有开创性的活动,所以创业者通常会打破传统秩序,构建起突破常规的结构或体系。

2. 务实精神

务实精神是创业精神的基础。务实精神是中华民族的优良品质,它强调躬行求实。创业有"创立基业"之意,因此,创业者要做到事事必须从实处着手,从前期的宏观环境调查、行业结构分析、市场潜力评估到企业管理中的各类工作都必须做到实处,否则基业必篑。

3. 独立人格

独立人格是创业精神的根本。独立人格是指人的独立性、自主性,不依赖于任何外在的力量,独立思考、独立实践的本领。创业的旅途上有太多的困难需要创业者独立去面对和解决,因此拥有独立人格的人才具备走进创业队伍的资格,它是创业精神的重要品质。

4. 果敢坚定

果敢坚定是创业精神能否转化为实践行动的关键。创业精神是一种特殊的界定,它的内容既丰富又复杂,有的学者强调创业精神中的创造性,有的则立足于创业精神中的实践性,果断坚定却是所有学者都认同的创业品质。

 知识拓展 6-1

小测试

下面的测试可以帮助你判断你和你的伙伴是不是潜在的创业合作者。

(1) 你想追求什么样的生活?
(A) 安稳　　　　　　　　　(B) 自由
(2) 你认为以下哪种情况更可怕?
(A) 不知道明天怎么样　　　(B) 每天都一样
(3) 人生更重要的是什么?
(A) 挫折少　　　　　　　　(B) 经历多
(4) 哪一种情况让你觉得更有安全感?
(A) 有人可依赖　　　　　　(B) 独立
(5) 面对未知的难题,你会怎么做?
(A) 看别人怎么做　　　　　(B) 我愿意试一试
(6) 你认为哪种情况更容易做到?
(A) 遵守别人的规则　　　　(B) 自己制订规则
(7) 遇到问题更倾向于_____。
(A) 这不是我的责任　　　　(B) 我承担全部责任
(8) 你更愿意思考什么样的问题?
(A) 有标准答案的　　　　　(B) 没有标准答案的
(9) 哪一种情况让你觉得更有优越感?
(A) 做得比别人好　　　　　(B) 做别人没做过的事
(10) 你更喜欢哪个头衔?
(A) 大公司高管　　　　　　(B) 小公司老板

【结论】 创业者更倾向选择(B)。创业能否成功与机遇有关,与选择关系更大。大学生创业,不但要努力,还要知道为什么努力,创业者个人的内在素质也是决定创业成功与否的主要因素。

(三)创业精神培育的主要途径

著名管理大师彼得·德鲁克认为,创业精神与企业家精神既不是天生禀赋,也不是灵感或灵光乍现,它必须通过教育和培训有意识地培养。德丰杰全球创业投资基金创始人汤姆·威尔斯认为,创业者是可以培养的。

创业精神的培养是高校创新创业教育的主旨,关乎大学生的个人发展。大力培育大学生的创业精神,引导和鼓励大学生自主创业,对大学生在校学习和未来就业都有着重要的意义,它既是知识经济时代对当代教育的新要求,也是推动我国民营经济快速发展和社会改革的重要举措。我国是发展中国家,无论是大中型国有企业还是成功的小微企业,都是创造就业机会、增加收入和减少贫困的主要力量。因此,创业精神的培育是实现创新强国、人才兴国战略,传承和发扬新时代改革开放精神的基本要求。

人非生而知之,大多数创业者都是通过后天实践培育自己的创业精神,甚至可以说创业实践就是他们创业精神的来源。对于在校大学生们来说,可通过以下途径来培育他们的创业精神:

1. 善于向成功者学习成功的经验

学习是获得经验的捷径,没有谁天生就有丰富的经验,所有的经验都是人们经历之后才获得的。学习别人成功的经验,可以使人更快成功。具体来说,建立一个企业尚算容易,而维持一个企业的生存却是一个漫长的历程。作为一个初次创业者,到底应该从哪里入手,怎样才可以把一个企业建立起来并且经营成功呢?这是每一个将要开始创业之旅的人面临的共同问题。每一位成功的企业家在成功之前也是一名普通人,他们是如何创业的,如何在创业的征程中确立自己创业的初心的,他们的人生观、价值观是如何影响他们在面对得失成败、挫折艰辛、选择诱惑时的决定的,这些是我们需要学习和思考的。

2. 善于汲取创业者的教训和勇气

风险与机会相辅相成,很多时候,机会更青睐那些有准备且敢于承担风险的人。创业成功者值得鲜花和掌声,创业失败者虽败犹荣。听取成功者的故事,令人热血沸腾,充满激情;但是,吸取失败者的教训,可以使你在创业中保持清醒的头脑和理性的判断,从而规避风险,降低自己失败的概率。

3. 学会独立观察和思考

不难发现,那些成功的企业家很少抱怨,他们总是能用一双善于发现的眼睛去发现别人看不到的商机;他们总是具有独特的思路和见解;他们从不人云亦云,因此,才成为人群中的佼佼者。具有不同于常人的思维方式和不盲目追随"羊群效应"的行为方式,是成功企业家的普遍特点。

4. 在实践中培育创业精神

在创业培训实践中发现,真正去创建一个公司毫无疑问是大学生学习创业、培养创业精神无可替代的、最好的学习方法。因此,我们不妨把创业者身上最重要的创业精神、创新意识等品质提炼出来,通过案例教学法、模拟情境教学法、项目教学法等方式,为大学生创造学习环境,同时创造机会让他们参加实践,培育自己的创业精神。

二、端正创业动机

案例 6-3

猴子的故事

有一位老汉的庄稼经常被一群猴子破坏,老汉颇为心急,想了很多办法也没有用。后来经人指点,老汉便和猴子说:"我最喜欢热闹。如果以后你们每天来我庄稼地里使劲儿玩耍,我就给你们五根香蕉。"猴子们觉得尽情玩耍还能拿到香蕉,很开心,于是欣然答应。三天后,老汉说:"香蕉快下市了,我现在给不了五根了,只能给你们三根。"猴子们勉强答应了。又过了三天,老汉说:"香蕉都没有了,我没办法给香蕉了。"猴子们来庄稼地的"欲望"早就从单纯的内在快乐转化为每天能拿到香蕉的现实需求,于是很不开心地都离开了。

点评:心理学研究认为,相较于外在动机的影响,内在动力的行动持续性会更强。同理,大学生创业也要认真审视创业行为的内在驱动力,把握推动自身创业的有利因素。

(一)认识创业动机

人类从事任何活动总会指向一定的主观意愿的满足,如吃饭穿衣为生存,上学为求知,上班为赚钱。我们把导向种种目的的意念或愿望叫做动机。李家华认为,创业动机是指引起和维持个体从事创业活动,并使活动朝向某些目标的内部动力。它是鼓励和引导个体为实现创业成功而行动的内在力量。也就是说,创业动机就是有关创业的原因和目的,即为什么要创业?行为心理学认为,需要产生动机,进而导致行为。创业的直接动机就是需要。创业活动是一种综合性很强的社会实践活动,它源于人的强烈的内在需要,这种内在需要是创业活动最初的诱因和动力。如果没有创业的需要,就不可能产生创业行为。有创业需要并不一定有创业行为,只有当创业需要上升为创业动机时,才能形成创业者竭力追求和获得最佳效果与优异成绩的心理动力。

创业动机就是推动创业者从事创业实践活动所必备的积极的心理状态和动力。一旦创业者拥有这一积极的心理状态和动力并将其付诸实践,就会坚持不懈、勇往直前。

马云认为,创业者在创业之时要实事求是,摆正创业目的和金钱的位置。不要一上来就把自己放在一个很高的高度。他认为,创业不是为了赚钱,而是创业的结果让创业者得到了很多钱。追求成就的价值观会驱使一个人朝目标不断前进。"饿了么"创始人张旭豪表示,于他而言,创业也就是做一些自己想做的事情,能够改变周围的人;就是遇到一件你看不惯的事情,你能够通过自己的方式去解决,并告诉大家这是一种新的方式。魔漫相机的创始人黄光明在谈到当初为什么创业时说:第一,创业的初衷是追求快乐;第二,追求梦想;第三,追求财务自由的生活;第四,改变自己的现状。

(二)创业动机的分类

人们的动机来源于个体不同的价值观,价值观是指人们在做选择和判断时最为看重的原则、标准和品质。由于价值观选择的不同,人们的创业动机也有所不同。罗克奇对人的价值观进行了界定,其中包含两种维度各13种价值观。

知识拓展6-2

罗克奇价值观调查问卷

表6-1和表6-2是两种不同价值观列表。每一个价值观后面都有一个简单的解释。请按照你认为的重要性将下面两种价值观进行排序,研究每个价值观并思考它们可能对你的生活起到多少的指导性作用。首先选择对你来说最重要的价值,在它前面的括号内写上"1";然后再选择对你来说第二重要的价值并在它前面的括号内写上"2";以此类推,直到你选择完这一页所有18种价值观,最不重要的价值观标注"18"。

当你排列完18种价值观后,再用同样的方法排列另外18种价值观。

在排名的时候请花时间仔细考虑。当你对答案有另外的想法时,请随时更改排序。当你完成两套价值观排序时,其结果将正确反映你生活中真正重要的东西。

表6-1 终极价值观

排序	终极价值观	解释
( )	舒适的生活	富足的生活
( )	公平	机会均等
( )	令人激动、振奋的生活	刺激、积极的生活
( )	家庭安全	照顾好所爱的人
( )	自由	独立和自主选择
( )	健康	身体和精神上健康
( )	内在和谐	避免内心冲突
( )	成熟的爱	性和精神上的亲密
( )	国家安全	免受外国攻击
( )	快乐	快乐,悠闲的生活
( )	救赎	帮助他人从罪恶和邪恶中脱离出来
( )	自尊	自重
( )	成就感	持续的贡献
( )	社会认可	被尊重和被钦佩
( )	真挚的友情	紧密关系
( )	智慧	对生活有成熟的理解
( )	世界和平	没有冲突和战争
( )	美丽的世界	艺术和自然的美

表 6-2 工具价值观

排序	工具价值观	解释
（　）	有抱负	辛勤工作、奋发向上
（　）	思想开放	开放的思想
（　）	能干	有能力、有效果
（　）	干净	卫生、整洁
（　）	勇敢	坚持自己的信仰
（　）	宽容	理解他人
（　）	助人为乐	帮助他人
（　）	诚实	真诚、可信
（　）	富有想象力	大胆、有创意
（　）	独立	自力更生、自给自足
（　）	聪明	有知识、有思考
（　）	讲逻辑	前后一致、有理性
（　）	有爱心	温情、温柔
（　）	忠诚	对朋友和组织的忠诚
（　）	服从	忠于职守、尊重人
（　）	有礼貌	有礼貌、性情好
（　）	负责的	可依靠的、可信赖的
（　）	自我控制	受约束的、自律的

在不同的价值观驱动下，创业动机可以分为以下几种：

1. 生存的需要

生存是人类的第一需要。若一个人失去就业机会，常常会为养家糊口、饱衣暖食而不得已创业。下岗工人、失去土地或因为种种原因不愿困守乡村的农民，以及刚刚毕业找不到工作的大学生，都属于这类创业者。

2. 利益的驱动

有一些人觉得为别人打工、拿"死工资"很难脱贫致富,很难早日摆脱"房奴""车奴"的生活,他们向往创业成功者身上的财富光环。为了积累更多的财富,在未来过上更好的生活,他们走进了创业的行列。

3. 压力的驱使

创业也是一份职业,只不过这份职业需要创业者具备较高的综合素质。当前,我国大学生的就业形势相当严峻,主要表现为毕业生和社会职位之间的供需矛盾。为了释放就业压力,为了能找到一份自己满意的工作,部分大学生开始在创业的浪潮中搏击。另外,经济压力也是大学生自主创业的一种动机。刚毕业的大学生的工资待遇偏低,他们希望通过自主创业来改变窘困的生活现状。抱有这种心态的学生,在创业时会更有工作激情、更投入,从而更容易成功,即使失败,他们也不会感到遗憾。

4. 积累学识

有人曾做过这样一个比喻:通过荔枝干的味道,是无法想象出新鲜荔枝的风味的。这句话道出了直接经验的重要性。书本知识都是前人的认知积累,亲自实践获得的知识比间接经验要深刻得多。有一部分大学生为了增加自己的实践经验,丰富自己的社会阅历,为了自己以后的发展或实现自己的某个目标做好准备,在条件成熟的情况下,会利用课余时间走上创业的道路。他们的动机往往很单纯,不掺杂任何物质功利因素,就是为了使自己能够学以致用。

5. 实现理想

心理学研究表明,25~29岁是创造力最为活跃的时期,这个年龄段的年轻人正处于创造能力的觉醒时期,对创新充满了渴望和憧憬。他们思维活跃,创新意识强烈,同时受到的约束和束缚也较少。另外,由于大学生所处的社会环境较为宽松,他们往往更容易接触一些新的发明和新的学术成果,或者他们中的一部分人本身就拥有具有自主知识产权的科研成果。为了能早日实现自己的目标,他们中的一部分人也开始了自己的创业生涯。

易趣网的创始人邵亦波说:"一个人想成功的话,一定要找到自己最想做的事,当然这也是你能干的事,这样你就能够每天都有热情地去工作。创业的动机很重要,不能赶时髦,必须要有热情。成功其实是指一个人能实现自己有价值的理想,是一个人对社会起了怎样的作用。其实我们身边有很多年轻人都是成功的。当然创业成功的毕竟是少数,但创业不要只看结果,我觉得创业过程本身就是一种财富。"

总之,创业动机是千差万别的,也许有一千个创业选择就有一千种创业动机。但动机的作用是唯一的,它产生创业行为并推动创业者前进。失败的创业者各有各的不同,但成功的创业者都有共同的特质:富有激情与理想。因此,他们在创业之前,已经给自己找好了动力之源。

(三)正确的创业动机

大学生创业政策越来越多,创业氛围越来越浓厚,大众创业的潮流已势不可挡,但创业前也需要冷静思考:自己适不适合创业?创业可以帮助我们实现什么样的人生目标?

通过理性的思考,可以使那些一时头脑发热的创业者厘清思路,解决困扰。有人创业是为了生存,有人创业是为了谋求发展,而有人创业则是为了成就事业。创业行为相对于就业而言是一种风险更高的生活方式。创业者从"我想创业"到"我开始创业了"的动机千差万别。《中国大学生就业创业发展报告(2017—2018)》指出,70%以上在校大学生创业动机出于实现自我价值的需要,其中37%的在校大学生创业主要是为了"追求自由自在的工作和生活方式",20%是为了"实现个人理想",纯粹为了赚钱而进行创业的占16%。我们认为,大学生创业者不要以"赚很多钱"为价值引导,应该做一些对社会进步、对产业进步有意义的事。当你在做一件有意义、有价值的事情时,自然能找到支持者,实现社会效益与经济效益双丰收。

总之,就业是为了更好地创业,创业和就业并不是非此即彼,就业可以为未来创业积累资源和经验,而创业则可以提升以后的就业能力。

知识拓展6-3

拒绝雾霾,从可可考拉口罩开始

近些年来,随着空气质量逐渐恶化,雾霾天气现象出现频率越来越高,大量细颗粒物(PM2.5)在人们毫无防范的时候侵入人体呼吸道和肺叶中,从而引起呼吸系统、心血管系统、血液系统、生殖系统等诸多系统疾病的发生。冬季是雾霾频繁出现的季节,孩子出行需要更好的保护,但是这种雾霾连成年人都不能抵挡,更别说需要呵护的小孩了。毫无疑问,雾霾的出现严重危害了孩子们的健康,成了父母的一大困扰。

针对孩子吸入雾霾、危害身体的重大问题,清华大学侯琰霖博士于2014年主导研发出了一款可可考拉儿童防霾口罩。

防霾口罩的防雾霾效果其实在于其滤料的性能,滤料的静电荷量越大,阻尘效率越高。可可考拉儿童防雾霾口罩采用Hollingsworth&Vose公司定制的静电驻极滤材 Technosta,能有效过滤 98% 空气杂质,有效阻隔细菌,降低病毒传播风险。霾片遇霾变黑,防霾效果一眼就能看见。

可可考拉儿童防霾口罩为了能让孩子戴上口罩也能呼吸畅通无阻,设计了有冷凝排水、排气的呼气阀,孩子即便连续佩戴几个小时都不会憋闷,同时该产品用3D扫描技术采集儿童面部特征,双向翻转的曲面边缘精准贴合儿童面部,让孩子戴着不难受,戴可可考拉和没戴可可考拉的区别只在是否呼吸到新鲜空气。

在功能有保证的同时,可可考拉认为只有懂孩子的人才会设计出孩子喜欢的口罩,因此可可考拉儿童防霾口罩外观是由美国芭比娃娃设计师TonyYao设计的,外观像考拉可爱的大鼻子,让孩子戴上就不想再摘下来。

第二节 发现创业机会

一、识别创业机会

(一)创业机会的含义

创业机会是指具有较强吸引力的、较为持久的,有利于企业的商业机会,创业者据此可以为客户提供有价值的产品或服务,并同时使创业者自身获益。

(二)创业机会的类型

根据环境变化、客户需求、创新变革、市场竞争等各类创业机会来源,可以将创业机会分为以下三种类型:

(1)问题型创业机会。问题型创业机会是指基于客户现有需求、尚未解决的问题而产生的着眼于实际的创业机会。

(2)趋势型创业机会。趋势型创业机会是指基于环境动态变化、对客户潜在需求进行预测而产生的着眼于未来的创业机会。

(3)组合型创业机会。组合型创业机会是指基于环境变化、客户需求、创新变革、市场竞争等多种因素,为创造客户新价值而产生的,且通常由多项技术、产品或服务组合而成的创业机会。

(三)创业机会的特征

1. 普遍性

凡是有市场、有经营的地方,客观上就存在创业机会。创业机会存在于一定的范围之内,但会随着客观条件的变化相应地消逝或流失。因此,抓住并把握好机会有可能为创业成功助力,一旦错过就成了别人的机会。

2. 风险性

机会都是有风险的。面对某个创业机会,创业者将面对相应的技术风险、财务风险、市场风险、宏观环境风险、团队风险等。如何规避风险,涉及对创业机会的评价。

3. 隐蔽性

许多机会都处于隐藏状态,需要发掘才能浮出水面,否则只能处于种客观存在的状态。为什么有的人善于发现机会,有的人对眼前的机会却视而不见、毫无反应,关键在于个人对机会敏锐程度和认知程度。

4. 可预见性

著名的管理大师彼得·德鲁克曾经说过:"组织是看不到机会的,只有个人才能看到它。"既然创业机会就在我们身边,我们只有了解它的来源,才有可能预见机会的出现。成功创业者利用机会创业绝对不是一时冲动,他们的过人之处在于能够预见机会,走在别人的前面,抢先占据市场。

二、发现创业机会

(一)创业机会的来源

机不可失,时不再来。创业路上,我们一定要珍惜每一次稍纵即逝的机会,那么,每一个有针对性的创业机会又是如何诞生的呢?总的来说,创业机会来自以下4个方面:

1. 来源于环境变化

著名管理大师彼得·德鲁克曾将创业者定义为"寻找变化,并积极反应,把它当作机会充分利用起来的人"。变化就是机会,环境变化是创业机会的重要来源,尤其是在今天这个"唯一能够确定的就是不确定性"的复杂的动态环境中蕴藏各种良机,如产业结构调整带来的新产业发展契机、顾客消费观念转变带来的新商机等。其变化主要包括宏观经济政策和制度变化、产业经济结构变化、社会和人口结构变化、价值观和生活理念变化、竞争环境变化、技术变革等。

2. 来源于客户需求

企业存在的根本目的是为客户创造价值,无论环境是否变化,创业机会源于客户需求都是永恒的真理。因此,创业机会必定来源于客户真正想要解决的问题、客户生活中感到非常头疼的问题、客户新增的需求……而这一切,或许是客户明确的需求催生出的新的创业机会,或许是被人忽略的"蓝海"市场引发的创业机会,又或许是创业者挖掘客户的潜在需求而产生的创业机会。

3. 来源于创新变革

每一个发明创造,每一次技术革命,通常都会带来具有变革性、超额价值的新产品或新服务,都能更好地满足客户需求,所以伴随而来的则是无处不在的创业机会。一方面,创新变革者可凭借长期积累的技术优势、创新实力,抓住来之不易的创业机会;另一方面,即使你不是变革者,只要善于发现机会,同样可以抓住创业机会,成为受益者。

4. 来源于市场竞争

在分析竞争对手时,我们通常都会将自己与竞争对手之间的优势与劣势进行比较分析,通过采取扬长避短或者差异化的策略,进而更好地满足客户需求,拓展市场。因此,在市场竞争过程中,如果能够针对竞争对手的不足,将自己的优势充分发挥出来或者采取差异化的产品或服务方案,为客户提供更具价值的产品或服务,那么,就在竞争的夹缝中找到了绝佳创业机会。

(二)发现创业机会的方法

1. 定性分析法

第一,机会的原始市场规模。虽说市场越大机会越多,但大市场可能会吸引强大有力的竞争对手,反而小市场可能相对友善。

第二,机会存在的时间跨度。一切机会都只存在于一段有限时间内,这段时间的长短差别很大,由商业性质决定。

第三,预期特定机会的市场规模将随时间变化。一个机会可能带来的市场规模将随时间的变化而变化,一个机会可能带来的风险和利润也会随时间而发生变化,机会存在的某些时期可能比其他时期更有商业潜力。

第四,好机会一般具有以下5个特点:① 前景市场可明确界定;② 前景市场前5~7年中销售额稳步且快速增长;③ 创业者能够获得利用机会所需的关键资源;④ 创业者不被锁定在刚性的技术路线上;⑤ 创业者可以用不同的方式创造额外的机会和利润。

第五,机会对创业者自身的现实性。创业者是否拥有利用这一创业机会所需的资源,是否能"架桥"跨越"资源缺口";对于可能遇到的竞争力量,至少要能与之抗衡,不仅可以占有的前景市场份额,甚至自己可以创造市场。

2. 新眼光、新思维调查法

新眼光建立在不断获取信息、反复揣摩信息并最终产生直觉的基础之上。古希腊哲学家苏格拉底说:"最有希望的成功者,并不是才华最出众的人,而是那些最善于利用每一个时机发掘开拓的人。"有人自怨自艾,说机会偏爱他人,殊不知,是自己疏于观察和收集,导致错过了好的时机。要想成功,必须要推陈出新,在沙粒中找出金子来。

3. 通过分析问题发现机会

问题有外露和隐藏之别。创业者如果眼光独到,有洞察力,对事物敏感并善于分析,就能发现更多的问题,从而发现更多的机会。创业的根本目的是满足客户需求,而客户需求在没有满足前就是问题。发现创业机会的一个重要途径,是善于去发现和体会自己和他人在需求方面的问题或生活中的难处。例如,上海有一位大学毕业生因发现远在郊区的本校师生往返市区交通十分不便,于是创办了一家客运公司,就是把问题转化为创业机会的成功案例。

4. 通过市场缝隙发现机会

市场缝隙即现有市场存在的盲点或盲区。如今市场竞争越来越激烈,"缝隙"其实无处不在;只要善于发现缝隙市场,就能开拓新的商机。怎么发现缝隙市场呢?例如,在生活中去发现现有产品或服务的缺陷,提供能改进缺陷的产品或服务,就是一个缝隙市场。接下来,就要去调查这个缝隙市场的市场容量有多大,有哪些目标客户,有没有市场前景和发展潜力,等等。又如,传统的天津大麻花个大,一次吃不完,保存较麻烦,扔掉又可惜,下顿接着吃怕又有问题,于是,小包装应运而生;妈妈给婴儿买奶粉都会发现这样一种现象:大部分奶粉保质期为开封后一个月,好多宝宝都在母乳不足的情况下才补充奶粉,一袋奶粉在保质期内因吃不完而被浪费,市场上几乎没有小包装的奶粉。这就是一个很大的"缝隙"。总之,只要用心,就能随时随地发现市场缝隙,只要用心,就能对市场始终保持着较高的敏锐度。当客户需求发生变化时,企业产品结构、包装、设计随之而变,快速对接新需求,也是一种创新。

5. 通过系统分析发现机会

绝大多数的创业机会都可以通过系统分析法获得,如通过分析环境、政策、市场可以识别各种各样的机会。1960年前后,塑胶花生产的鼎盛期刚过,李嘉诚觉得生产塑胶花绝非长久之计,因为他从香港人口的激增、生存空间的限制、经济发展的神速和土地使用的迫切,预见到来日地价必然暴涨,香港的房地产业极具发展前景。由此,李嘉诚毅然决定进军房地产业,结果大获成功。

6. 通过创造获得机会

这种方法适用于新技术领域。难点在于新技术既需要高、精、尖的人才,又需要开拓新的市场,若人力资源不到位,市场定位不准确,面临的风险就很大。但若能够成功,获得的利润和回报也会很大。

7. 通过他人获取创业机会

常言道:说者无心,听者有意。有些时候,消费者对于现有产品或服务的不满而随口说出的抱怨或建议可能就蕴含商机,因此,创业者要做市场上的有心人。

以上只是提供几种发现创业机会的思路。其实,发现创业机会不是一件容易的事情,但也不是高不可攀的。创业者可以试着从以下3个途径来提高自己发现创业机会的能力:

第一,养成良好的市场调研习惯。发现创业机会最根本的一点是深入市场,进行调研。通过调研,了解市场供求状况、政策变化趋势,了解客户需求、抱怨与不满,了解竞争对手的长处与不足。

第二,多看、多听、多想。每个人的知识、经验、思维以及对市场的了解不可能面面俱到。多看、多听、多想能使我们广泛获取信息,及时从别人的知识、经验、想法中汲取有益的东西,从而增强自己发现创业机会的可能性和概率。

第三,有独特的思维。成功的路上需要特立独行,更需要特立独行的勇气。顾虑越多,创业过程中的羁绊越多。机会往往是被少数人抓住的。我们只有克服从众心理和传统习惯思维的束缚,做到有自信,有独立见解,不为他人左右,才能发现和抓住被别人忽视或遗忘的机会。

三、评估创业机会

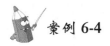
案例 6-4

两个月就关张的食品杂货店

小刘毕业后一直想自己创业,看到邻居在小区里开的食品杂货店生意不错,颇为心动。于是,小刘在小区内租了一个库房做店面,筹集了 10000 多元做启动资金,进了一些货品,也开了一家食品杂货店。但是经营了两个月后,小刘的食品杂货店就撑不住了,不得已关张。为什么同样是食品杂货店,邻居可以干得红红火火,小刘的店就经营惨淡呢?原来,小刘为了突出自己食品杂货店的特色,没有像邻居一样经营茶、米、油、盐等大众用品,而是将经营范围锁定在沙司、奶酪、芝士等一些西餐调味品上。但是小区里的居民对她的货品需求少,加之店面的位置在小区边缘,而且营业时间不固定,很多居民都不愿意绕道过去购买,所以她的小店支撑不下去了。

点评:创业机会的可行性到底有多高,如何对创业机会进行有效的分析?这些都是经常困扰大学生创业者的问题。需求调查是开始之前必须要做的工作,小刘在小区开食品杂货店之前没有对市场进行充分的评估,自己的想法与市场需求存在着差距。

(一)评估创业机会的意义

对于创业者来说,关键在于如何能够从众多机会中找出真正有价值的创业机会,并采取快速行动来把握机会。

大学生创业者对于学生市场的需求是最为了解的,这也是多数大学生开始创业时首先考虑的方向。比如,校园的水果店不多且性价比不高,水果品种较少,可以开个网上水果超市,提供各种水果送货上门服务;大学生周末不是回家就是宅在宿舍,缺乏锻炼的机会,可以提供大学生周末交友、郊游的服务;大学期间是年轻人谈恋爱的多发时期,但由于缺乏经验,在面对情感困惑时没有好的解决渠道,为此可以成立一个情感辅导中心,为大学生情感问题提供咨询和服务;大学生想要锻炼身体却坚持不下去,为此可以成立个跑步俱乐部,提供各种打卡服务;大学期间有许多闲置的物品和书籍,却没有很好的处理渠道,只能当废品卖了,为此可以成立个校园二手商品交易中心,为大家的闲置物品提供帮助和服务。发现环境的不足,并寻求改变,这是大学生创业的开始,但创业之前需要对这些创业机会进行有效评估,这样才能提高创业成功的概率。

众所周知,所有的创业行为都来自绝佳的创业机会,创业团队与投资者均对于创业前景寄予极高的期待,创业者更是对创业机会在未来所能带来的丰厚利润满怀信心。然而,并不是所有的创业都能获得成功,成功与失败之间,除了不可控制的客观因素之外,有许多创业机会在开始的时候,就已经注定未来可能失败的命运。如果创业者先能以比较客观的方式进行评估,那么许多悲剧就不至于一再发生,创业成功的概率也可以因此大幅提升。

因此,对创业机会进行可行性分析是创业者选择创业项目过程中一个非常重要的环节。如果分析可行,创业者可进一步制订正式的商业计划并准备实际运营;如果分析不可行,创业者则需放弃这一想法,转向其他的更有价值的活动上去。

(二)评估创业机会的方法

创业机会评估事实上是一种前瞻性的评价,就是对在创业过程中可能遇到的问题进行预估。目前,学术界和业界对创业机会的评估提出了很多方法,有定性评估方法,也有定量评估方法。在实际情况中,创业者可以根据需要和具体的情况来选择不同的评估方法。

1. 定性评价方法研究

创业机会往往蕴含着巨大的复杂性和不确定性,创业者很难获得足够的信息进行精确的定量计算,或者由于机会转瞬即逝,创业者往往来不及开展详细的定量评价,机会的窗口就会关闭,或者是创业者的财力有限,没有足够的资金去完成详细的市场调查……所以有些创业者会利用一些定性的评估方法,依靠经验、直觉和商业敏感性等对创业机会做出定性的判断,然后根据需要进一步做出更精确的计算来完成定量评估。

对创业机会的定性评价需要从以下几个方面考虑:

(1) 机会的大小、存在的时间跨度和随时间成长的速度。

(2) 潜在的利润是否足够弥补相关成本的投资而带来满意的收益。

(3) 在障碍面前,收益能否持久。

(4) 产品或服务是否满足了客户真正的需求。

2. 定量评价方法研究

定量评价的方法主要有优先级评分法、贝蒂选择因素法和标准打分矩阵法。

(1) 优先级评分法。

通过计算商业成功概率、投资生命周期收入、技术成功概率和单位产品毛收入四个因素的乘积最后除以总成本,得到该创业机会的优先级别。公式为

机会优先级 = (商业成功概率 × 投资生命周期收入 × 技术成功概率
× 单位产品毛收入)/ 总成本

公式中,商业成功概率和技术成功概率均用百分比表示(0~100%),投资生命周期收入是指可以预期的所有收入,总成本是指预期的所有投入,单位产品毛收入是指单位产品销售收入减去单位产品成本。优先级越高,创业越有可能成功。

(2) 贝蒂选择因素法。

该方法是指通过 10 个选择因素来对创业机会进行判断。如果某个创业机会至少符合其中 7 个因素,那么认为创业成功的希望很大,否则该创业机会不可取。这 10 个因素为:① 该创业机会在现阶段是否只有你一个人发现;② 产品是否具有高利润回报的潜力;③ 潜在的市场是否巨大;④ 金融界是否能够理解你的产品和客户对它的需求;⑤ 是否可以预估产品的开发成本和开发周期;⑥ 产品是否是一个高速成长的产品家族中的第一个成员;⑦ 是否属于处于成长阶段的行业;⑧ 初始的产品生产成本是否可以接受;⑨ 是否可以预估产品投放市场和达到盈亏平衡点的时间;⑩ 是否拥有一些现存的初始客户。

(3) 标准打分矩阵法。

该方法是先选择一些对实现创业机会有重要影响的因素,然后专家小组对这些因素进行打分,分为最好(3 分)、好(2 分)、一般(1 分)三个等级,最后求出每个因素在该创业机会下的加权平均分,从而进行比较。常见的主要评价因素有:易操作性、市场接受度、成长潜力、广告潜力、质量和易维护性、增加资本的能力、市场大小、制造的简单性、专利权状况和投资回报。

(4) 蒂蒙斯指标体系法。

著名的创业学家蒂蒙斯总结概括了一个评价创业机会的框架,涉及多项指标。其中对于创业机会的有效评估主要包括市场评估、商业模式评估、财务计划评估三个方面,如表 6-3 所示。通过一种量化的方式,创业者可以利用这个体系模型做出判断,评价一个创业企业的投资价值和机会。

表 6-3 蒂蒙斯指标体系

市场评估	谁会买你的产品/服务	1. 你准备卖什么?是产品,服务或其他?
		2. 他们是谁?他们在哪里?他们买你的产品/服务实现了什么样的现实/心理诉求?
		3. 还有谁在卖同类/相关的产品/服务?
		4. 你的优势和盈利点在哪里?
商业模式评估	如何去卖你的产品/服务	1. 营销模式是什么?
		2. 市场发展策略是什么?
		3. 未来的发展规划是什么?
财务计划评估	按计划是否可以保持盈利	1. 单位时间内的收入预估是多少?
		2. 单位时间内的支出预估是多少?
		3. 可能产生的变动是什么?

四、商业模式理论

(一)商业模式的概念

"商业模式"这个概念最早出现在 20 世纪 50 年代,当时人们并没有那么清晰地认识到商业模式的重要性。经历了 40 年的变化,到了 20 世纪 90 年代,有关商业模式的理论才迅速得以发展和传播。更多的企业家认识到商业模式的重要性,纷纷对商业模式进行探索,努力寻找适应本企业发展的商业模式,利用商业模式来保持自身的创新和变革的能力,不断提高市场竞争力。

从狭义的角度看,商业模式就是为了一个完整的产品或一个全面的服务体系,以及在这些领域内的参与者都能发挥作用,并且获得相应的利益。人们对此有一句名言:"当今企业之间的竞争,不是产品之间的竞争,而是商业模式之间的竞争。"

从广义的角度看,商业模式就是指在从事各种经营活动的方式方法中,通过市场的调查、资源的整合、产品的分析等,综合利用专业的知识、丰富的经验以及市场概念、服务概念、运作概念、商业概念,使其更好地结合,以此达到企业利益的最大化。

就其最基本的意义而言,商业模式是指做生意的方法,是一个公司生存并能够为企业带来收益的模式。

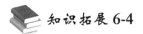知识拓展6-4

商业模式、管理模式、战略与战术

商业模式是企业的核心结构,就类似于一架飞机的构造:不同种类的飞机,其发动机、机舱、机板等的结构和配置不同,整个飞机的性能就不同。而管理模式类似于飞机的内部人员,作为机长,既要分配好内部人员的工作,也要制定相应的制度,从而提高内部人员的战斗力。从这个角度看,商业模式是优先于管理模式的,管理模式要在商业模式的基础上制定组织结构。战略与战术问题是一个企业必须考虑的因素,这就相当于一架飞机,战略在于设计和开发飞机的外观、功能和种类等,而战术在于如何驾驶飞机,使飞机平稳飞行,战略与战术需要有机结合,而商业模式就是飞机本身,二者是相互结合的,是不可分割的整体。运用到企业中,战略与战术就是为企业出谋划策,与企业本身的商业模式相结合,保证企业的健康发展。

(二)商业模式的类型

商业模式作为企业一个总体框架,是企业的核心和灵魂。20世纪,金吉利通过赠送产品来赢得财富,创造了一种新的商业模式,而今天当各商家都用打折或买一送一的方式来促销时,这就不再是一种商业模式;商业模式具有可移植性,如果今天我们生产剃须刀片的企业仍然通过免费赠送剃须刀来卖刀片,它就不能被称之为商业模式,而当新型的网络企业通过各种免费方式博得消费者眼球时,我们就能称这种免费形式为网络企业的新商业模式。企业在创办的过程中,每一个环节上都存在多种创新形式,偶尔的一个创新也许就能改变企业的整个经营模式,也就是说企业的商业模式具有偶然性和衍生性。

每一种新的商业模式的出现都意味着是一种创新或一个新的商业机会将出现,谁能率先把握这种商业机遇,谁就能在商业竞争中先拔头筹。商业模式大致可以分为以下两种类型:

1. 运营性商业模式

重点解决企业与环境的互动关系,包括与产业价值链环节的互动关系。运营性商业模式创造企业的核心优势、能力、关系和知识,主要包含以下几个方面的内容:

(1)产业价值链定位。企业处于什么样的产业链条中,在这个链条中处于何种地位,企业结合自身的资源条件和发展战略应如何定位。

(2)盈利模式设计(收入来源、收入分配)。企业从哪里获得收入,获得收入的形式有哪几种,如何确定这些收入的形式和分配比例,企业是否对这种分配有话语权。

2. 策略性商业模式

策略性商业模式对运营性商业模式加以扩展和利用。应该说策略性商业模式涉及企业生产经营的方方面面,主要有以下几个方面:

(1)业务模式。企业向客户提供什么样的价值和利益,包括品牌、产品等。

(2)渠道模式。企业如何向客户传递业务和价值,包括渠道倍增、渠道集中/压缩等。

(3)组织模式。企业如何建立先进的管理控制模型,比如建立面向客户的组织结构,通过企业信息系统构建数字化组织等。

(三)商业模式的设计

1. 商业模式的设计要素

(1)盈利。

商业模式必须能盈利。很少有第一天就盈利的生意,问题是需要多长时间才能盈利?把目标的盈利日期写下来。如果超过很久还没能盈利,就需想办法解决问题。

(2)自我保护。

商业模式必须设置壁垒,必须能自我保护。这些壁垒包括专利、品牌、排他性的推销渠道协议、商业秘密(如可口可乐的配方)以及先行者的优势。

(3)能自启动。

商业模式必须能自启动。创业者最容易陷入的陷阱之一就是试图创造一种不能自启动的商业模式。

(4) 可调整。

商业模式必须可调整。依赖大量客户或合作伙伴的商业模式远没有可以随时调整的商业模式灵活。

(5) 财务退出策略。

2. 商业模式的执行

商业模式的核心是资源的有效整合,是将战略、策略、战术整合为一整套可赢利的方法,其运作流程是:销售—运营—资本。一般来说,战略规划是解决企业发展问题,商业模式解决企业生存问题,其核心是资源的有效整合。

(1) 销售,指的是产品或服务的销售方式。

(2) 运营,特指企业内部人、财、物、信息等各要素的结合方式,这既是商业模式的核心,也是商业模式的最基本体现。

(3) 资本,主要指企业获得资本的方式以及资本运行的方式,这是商业模式的支撑体系。

3. 商业模式的结构性维度

品牌是企业"有形"的手,商业模式是企业"无形"的手。商业模式是一个企业创造价值的核心逻辑,价值的内涵不仅仅是创造利润,还包括为客户、员工、合作伙伴、股东提供的价值,以及在此基础上形成的企业竞争力与持续发展力。

因此,了解和设计商业模式需要从以下8个结构性维度入手:

(1) 价值主张。

价值主张是指企业要为顾客解决什么样的问题?企业想为顾客提供什么样的价值?由于企业的价值定位不同,企业的活动也将会产生不同的差异,企业通过其所有活动的设计与执行,将其价值主张传递给顾客,并为企业和个人创造价值。

价值主张是指企业实际提供给顾客的特定利益组合,即是指企业提供哪些利益给顾客。企业经由经营使命提出战略的整体目标:要设计什么样的商业模式来完成何种目标或提供何种产品给市场。价值主张是指提供技术上的价值给予顾客,而企业必须先确定要提供何种商品及顾客如何使用产品。

所谓价值,包括以下两个层面:

① 顾客会用产品来解决什么样的问题?

② 这些问题对于顾客造成了多大的影响?

这些问题对于顾客的影响程度与企业为顾客创造的价值有很大的关系。价值主张描述了企业提供了何种价值给顾客,对顾客而言,商业模式定义了企业将如何满足顾客以创造价值。当企业决定了要满足顾客的部分是什么时,同时也决定了企业将不做什么。

(2) 核心战略。

核心战略是指企业决定用何种方式将所拥有的资产和资源转换成对顾客有意义的价值。这需要企业通过市场细分来决定要给顾客提供哪些价值,并决定在这些细分市场中能为顾客提供具有什么样的差异性价值。

当然,这需要企业考虑产业结构、可能的竞争者、供货商、顾客、潜在竞争者、替代品之间的关系,并思考企业与这些要素之间的关系及竞争者可能采取的活动、将会对企业造成什么样的影响,预测其可能的影响。

(3) 资源配置。

资源配置是指企业为了实现其为顾客提供价值的主张对其资产、资源和流程所进行的安排。一般来说,企业的资产、资源包括企业的设备、厂房、品牌、专利权、知识、技能、能力、顾客资料等。这些资源可以帮助企业提供不同于竞争者的差异化价值或是能够为顾客创造出独特价值的资源。因此,这些资源必须为企业所专有(资源必须是稀有的、无法模仿的、无法取代的),且企业的流程也必须能与这些资源相配合,使企业可以整合这些资源为顾客创造价值。

资源配置对以下3个方面起决定性作用:

① 核心能力,即企业拥有的知识、技能与独特的能力。

② 战略性资产,即品牌、专利权、基础设施、专利标准、顾客资源和资料以及其他稀有的、有价值的东西。此外,还包括利用上述资产通过新奇的方式而创造出的新经营观念。

③ 核心流程,即企业将投入变成产出所运用的方法与流程。

总之,资源配置就是企业以独特的方法结合能力、资产与流程,来支持其特定的战略所进行的安排。一个好的商业模式就是可以给顾客提供比竞争者更好的服务及在供货商、顾客、竞争者、潜在竞争者、替代品之间处于有力的竞争地位。企业为了取得竞争优势需要资源、资产及能力。当企业的能力是有价值的、稀有的、专有的、难以被模仿或取代时,企业将会拥有持久性的竞争优势。

(4) 组织设计。

组织设计是指企业将其自身组织结构形态调整成适合其资源配置与核心战略所进行的工作。一般来说,企业的组织设计必须以价值主张和价值定位为导向,以组织结构形态配合核心战略、资源配置。在设计具体的组织架构时,必须考虑其流程是什么,怎样使企业的资源转换为对顾客价值最大化的产出。

需要注意的是,商业模式设计包括利用外部商业伙伴来为顾客创造价值。因此,组织设计的内容应当包括整个价值链的设计。当然,并不是所有的商业伙伴都会主动地参加某个企业的商业模式设计,有一些商业伙伴是被动的,如提供补充品的企业就是常见的被动伙伴。

组织设计的内容包括以下 3 点：

① 价值步骤。即通过商业模式描述为所有利益相关者创造价值的流程与顺序。

② 沟通渠道与协调机制。在利益相关者创造价值的流程与顺序中需要沟通渠道与协调机制，沟通渠道决定利益相关者间是如何连接的；协调机制使企业决定如何使利益相关者协调他们的活动。当整合了价值步骤、沟通渠道与协调机制，也就整合了整个商业模式的价值链。

③ 外部价值。商业模式中很重要的一点，就是要决定哪些价值步骤是由外部价值伙伴创造的。这部分的关键决定因素在于谁控制了满足价值定位所必需的专用性资产。

(5) 价值网络。

当企业决定某些运营活动是需要外包的，就可以通过外部商业伙伴来为顾客共同创造价值。一般商业伙伴包括供货商、经销商、合伙人、战略联盟伙伴。企业与商业伙伴间必须有一个沟通渠道与协调机制，而这是需要企业去创造的。如果企业与商业伙伴能一致为顾客创造价值，就需要整合一个完整的价值网络。如果企业在价值网络的整合行动中失败，将会使提供给顾客的价值大幅度下滑。

价值网络包含以下 3 个方面：

① 供货商。享有和供货商密切的关系或有与以往模式不同的独特配合方式，这是建立新商业模式的要素之一。

② 经营伙伴。经营伙伴可以供应弥补最终产品不足的互补品。

③ 战略联盟。面临投资额大、技术障碍高、风险较高的情况下，构建企业间必要的战略联盟是重要的策略之一。结盟者不仅只是经营伙伴，也包括了供货商和经销商。结盟者既直接承担风险，又分享成功的果实。

(6) 产品与服务设计。

不论企业如何定义其价值主张，但消费者所能感受到的是企业所提供的产品与服务。因此，产品与服务设计非常重要。企业应确保其产品和服务与其价值主张一致，甚至是整个产品和服务的配套措施也应与其价值主张一致。一致性将会提高顾客对于产品或服务价值的感受，忽略任何一个环节都会使企业为顾客提供的价值受到损失。

产品设计应当考虑以下 3 个方面：

① 履行与支持。这是指公司运用何种方式接触顾客，并使用何种渠道、提供何种形式的顾客支持以及提供何种水准的服务。

② 信息与洞察力。这是指企业从顾客身上所获得的信息以及洞察信息的能力，经由这种能力企业可以为顾客提供独特的价值。

③ 关系动态。企业是如何与顾客进行互动的,经由这种过程,回答企业所能培养出的顾客忠诚度是什么的问题。产品与服务连接起企业与顾客,这是由价值定位所决定且企业必须满足对顾客的承诺利益,当决定要提供什么来满足顾客的同时,也决定了什么不是企业应该做的。

(7) 经营收入机制。

企业的经营收入机制设计决定了如何对顾客收取费用和收费的标准。一般来说,企业的经营收入模式需要与其成本结构相匹配,企业必须思考既能够被顾客所接受的经营收入模式,又能支撑企业的成本结构。当企业决定了经营收入机制与产品价格,并衡量了企业经由其他活动所产生的成本,企业就能够计算出目标利润。

经营收入机制可决定以下两个重要方面:

① 收益来源。在选择出细分市场之后,企业可能拥有多重收益来源,辨认出来这些来源,有助于企业决定提供给顾客产品和服务的方式以及采用何种方式来进行创造价值的活动。

② 价格。企业需要为其产品确定有效的价格和顾客价值,吸引顾客购买并从中获取利润。

(8) 盈利潜力。

商业模式创新的目的就是帮助企业获得财富,因而商业模式设计中盈利潜力是一个最关键因子。商业模式创新就是企业通过整体性思考统筹其生产成本与创造价值的活动,来获得盈利潜力扩大的过程。

一般来说,企业提升其盈利潜力主要有以下两种方法:其一,企业能以独特的方法为顾客创造出独特的价值;其二,企业能以较低的成本完成顾客对企业的期望和向顾客提供理想的价值。

商业模式除了描述公司的战略、顾客层面、资源、价值网络及其互相连接之外,还有一个重点,就是公司如何获得利润。为了使企业能够成长,企业必须向投资者提供足够的资产报酬率来吸引投资者进行投资,使整个商业模式得以被创造和扩展。当确定了企业的成本结构与收益模式,也就决定了企业能拥有多少价值,而这也是商业模式是否可以存续的最关键因子。

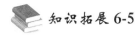
知识拓展 6-5

"校园市场"活动

在上海海洋大学和上海科技学院的"大学生创业基础"这门课的教学中,都有市场实训的环节,即在指定的时间内,在校园内搞一个"校园市场",市场内的卖方是创业班的学生,而买方就是本校的其他同学。每次校园市场活动都非常热闹,为了烘托气氛,学生们策划了"许愿节""女神节"等主题内容,他们自己制作广告,然后在学生宿舍挨门挨户地去宣传,到了活动开始的那天,就看到一个个平时文绉绉的大学生都变成了大声吆喝叫卖的小老板了。事后,他们还要按照创业导师的要求写一份总结,内容包括:

(1) 你在"校园市场"活动中推销成功的原因是什么?推销失败的原因是什么?

(2) 你的第一位顾客是谁?你是如何说服他(她)的?

(3) 你是如何决定进货品种和数量的?

(4) 你在本次"校园市场"活动中是赚了,还是赔了?分析原因。

(5) 经过这次活动,谈谈你对创业的理解。

点评:在这样的实践和思考中,大学生就会发现创业者是怎样做的,会经历了什么样的困难。同学们在总结中提到他们在思考中明白了如何捕捉商机,如何取悦客户,如何与人沟通以及在什么时候、什么环境下沟通容易实现,在什么情况下沟通容易失败,如何克服困难等。可见,创业精神和良好的品质习惯是可以通过实践体验来培养的。

第三节 创业相关知识

一、大学生创业意向对策

(一)培养创业意识,提高创业素质

创业意识是指在创业实践活动中对创业者起动力作用的个性心理倾向,它包括创业的需求、兴趣、动机、理想、信念和价值观等要素。创业意识支配着创业者对创业的态度和行为的方向,具有较强的选择性和能动性,是人们从事创业活动的强大内驱动力。创业意识是创业的先导,它构成创业者的创业动力,包括以下6个要素:创业需要、兴趣、动机、理想、信念和价值观。从调查中发现,目前高职高专院校学生的创业意向主要是个人的兴趣爱好,同时也具有较正确的创业价值观。要让大学生创业意向坚持若干年直到实施创业,其间会受到很多因素的干扰,因此只有兴趣是远远不够的。马斯洛需求层次理论认为,个体成长发展的内在力量是动机,为此要想创业,还需要培养大学生创业需求、创业动机和创业理想等。只有需求、动机、理想三者合一,才能让大学生的创业意向变成创业实施。对大学生进行创业素质的培养很有必要。创业素质包括健全的人格、创业能力、创业知识三个方面。

(二)争取家人支持,扬起创业风帆

高职高专院校学生想创业、敢创业的意识或许是受家庭环境的影响,特别是父母给他们带来的潜移默化的影响。这些学生中,有的父母会主动提供帮助,这对有创业意向的大学生来说,无疑是对未来的创业之路充满了信心,对他们的帮助很大。当然也会有部分家长出于各种原因的考量,不支持子女创业,这可能会使这部分具有创业意向的学生在将来想创业时,畏首畏尾。因此,作为父母应该根据子女的特点和爱好,对于有创业意向也有能力的学生采取鼓励、支持的态度,利用自己的优势和条件培养孩子的创业意识和创业能力,鼓励孩子利用家庭条件了解创业环境和创业风险,为孩子扬起创业风帆打下坚实的基础。

高职高专院校学生更应该在自己创业的道路上,从有创业意向开始,就应该和父母及家庭其他成员多沟通,表达自己的创业想法,争取获得家庭的支持和帮助。当有创业意向或者在创业路途中艰难前行时,家庭给予的物质和精神帮助,对他们来说都是弥足珍贵的。

(三)加强学校教育,整合创业资源

创业教育近些年在世界各国迅速发展,美国是世界上将创业教育在校园实践较早的国家之一,无论是中小学还是大学,都普遍开设创业教育课程,创业学成为美国商学院和工程学院中发展最快的学科领域。此外,美国还设立了国家创业教学。国外高校在创业学学科体系建设、系统引入兼职教师、多渠道完善教师成长平台等方面积累了丰富的经验。我国创业教育师资队伍建设必须适应高校创业教育发展的需要,建立全员参与、与创业课程体系相适应的教师队伍,完善创业教育师资培训机制与评价机制。虽然近年来我国创业教育发展取得了较大的进步,但是与世界发达国家相比还有很大的差距。因此,高职高专院校不仅要整合创业资源,提高师资水平,如安徽省 2016 年已经成立了有 14 家高职高专院校参与的"双创"联盟,更重要的是应当积极的搭建学生创业平台,充分利用网络技术的便利,建立专业的教师队伍,为学生创业提供丰富的资源。校团委、校学生会应该在校园张贴宣传创业海报,校学生处、教务处等单位应该组织创业比赛活动,以激发学生的创业意向。同时学校应该建立大学生创业基地,对于有创业意向的学生,学校应该组织学生考察和实践锻炼,以增强学生创业意识,树立创业理想,积极引导和支持有创业意向的学生利用自己的知识和前期的准备尝试创业。

(四)熟悉创业政策,敢于投身创业

关于创业环境对于大学生创业动机的影响因素,周勇等学者认为融资信贷支持与政府激励引导的作用更突出。当前国家出台了许多创业政策来鼓励大学生创业,营造了一个良好的创业氛围,其目的是为大学生创业提供更多的支持,为有创业意向的学生提供实施保障,具体包括金融、开业、税收、创业培训、创业指导等优惠政策。对于有创业意向的学生,前期要对国家和地方出台的关于大学生创业扶持政策有所了解。目前从调查的结果来看,虽然高职高专院校学生的创业意向受社会政策的影响较小,但是政府和学校应加强交流与合作,把相关的当地政府最新的对大学生创业的扶持政策在全校范围内进行宣讲,这将有利于不清楚创业想法的学生产生创业意向。另外,地方创业中心也可与学校加强交流与合作,如在高职高专院校中举办"创客微信评选""创客路演"等活动,邀请相关的企业领导和成功创业者作为评委,从中选取优秀的项目进入学校的创业中心和政府孵化基地。

二、创业风险规避

创业有风险,三思而后行。提高大学生的创业成功率、规避高职高专院校大学生创业风险是当前社会、学校和大学生自身共同的职责与使命。

(一)各级政府应提供更多"天时",改善大学生创业环境

为支持大学生创业,国家政府虽然出台了许多优惠政策,涉及工商、税务、融资、经营、培训、创业指导等诸多方面,但这些政策并没有得到完全贯彻与落实。据了解,92.49%的政府部门表示"已经或正在制定大学生创业扶持政策";81.38%的地方政府制定了相关规定,保证毕业生在创业投资程序上的合法性和合理性;只有3.22%的高校学生认为所在地的创业扶持体系已经较为完善;然而认为自主创业促进体系在运营管理机制上存在缺陷的有 38.38%。由此可见,各级政府部门对大学生创业者的扶持工作还有待于完善。具体如下:

1. 政策的出台要充分考虑大学生的实际

大学生的最大实际是"一有三无",即有知识(经过系统的学习和训练,这种知识可能内化为能力,外化为创造,这也是大学生的最大财富)、无资金、无经验、无人脉关系,因此创业政策的制定与调整必须充分考虑大学生的这种实际情况,积极鼓励、支持高校毕业生自主创业和灵活就业。比如,减免高校毕业生创业登记注册类、管理类和证照类的各项行政事业性收费;简化向当地经办银行申请小额担保贷款的程序;降低贷款利息,打通高校毕业生创业筹资渠道;同时,当地政府可尽量提供必要的人事劳动代理服务,在户籍管理、劳动合同关系、社会保险交纳等方面提供保障。

2. 积极引导,帮助大学生确定合理的创业目标

政策就是导向,关系着大学生创业价值取向和创业目标。创业政策要引导大学生确立合理的创业目标,不能过高,也不能过低,这就要求创业政策有明确的导向,即鼓励什么,支持什么,反对什么,限制什么,都要体现出来;最重要的是要能反映大学生的知识能力和发展趋势,积极鼓励他们创办以科技型为主的企业,创办产生较大社会价值的企业,创业不是单纯地解决个人就业问题,而应该从为社会创造财富、为更多的人创造就业岗位的方面去认识创业。

3. 放宽市场准入,尽量减少限制性条件

创业政策应该适当放宽高校毕业生创业的市场准入门槛,减少限制、简化程序、方便快捷、做好服务。比如允许创业者注册资金分期到位,积极探索利用技术、专利、知识、信用等担保的融资渠道,建立良好的风险投资机制,真正解决大学生创业资金问题。有了这些为大学生创业量身定做的优惠政策,必然能培育出更多富有传奇色彩的大学生创业英雄,将对整个社会经济改革发展和政治和谐稳定起到十分重要的作用。

(二)高职高专院校应夯实更多"地利",助力大学生创业

高职高专院校应该加大教育改革力度,以市场为导向,紧密联系经济社会发展的实际情况,加快调整专业结构,合理配置教育资源,强化"校企合作""校校合作"与"校政合作",努力提高"工学结合"的办学水平,培养更多适销对路的创业人才。首先,高校应加强创业教育。尤其在课程结构调整上,要充分结合市场所需,与行业对接,增加创业素质教育课程,加大人力、财力、物力的投入,改变大学生创业的资源约束,使专业优势凸显。其次,学校应营造良好的大学生创业环境。为此,学校应成立专业化管理服务机构,为大学生创业提供全方位的指导,帮助他们进行创业研判和抉择;建立大学生科技创业基金,以缓解创业资金的瓶颈;创办大学生创业孵化园,以解决创业前期实践之忧;鼓励学生参与各种形式的创业大赛,激励更多的大学生投身于创业热潮之中。

(三) 大学生自身要积淀"人和",增强创业竞争力

1. 转变就业观念,树立创业的人才观

在目前就业压力越来越大,创业机会越来越多的形势下,作为有才、有胆、有识的高职高专院校学生首先要有创业理念,养成坚韧不拔的创业意志,百折不挠的创业精神,灵活应变的创业思维和持之以恒的创业激情,在理论和实践层面不断提高创业能力和创业素质,丰满创业经验,为实现笃定的人生创业目标奠定基础。

2. 慎重选择创业方向,积极做好创业准备

在创业方向的选择上,高职高专院校学生应该慎重、科学。一般来说,低风险、低成本、与自己专业相近的项目更容易取得成功。为了少走弯路,高职高专院校学生创业首先要把握的原则是实现创业风险最小化,而不是利润最大化,因此创业目标明确,创业思路清晰。其次,必须要有一个合适自己的项目。对自己创办的项目要熟悉、要热爱、要笃定。再次做好创业硬件和软件方面的前期准备。所谓硬件条件就是开创业所需的物质条件,如资金、办公场所等;所谓软件条件就是团队的组建,自己一个人是不可能承担创业过程的全部工作,必须精心打造和谐统一的精英团队。最后,创业前要利用各种机会进行大量的社会实践和摸索,积累经验和人脉,为成功创业做好充分的准备。

3. 了解市场动态,增强抵御风险能力

大学生创业不是一时的突发奇想,更不是热血来潮、一时冲动,若没有进行充分的市场调研和长效分析,缺乏对市场的了解,特别是市场需求、资源状况、企业运营、管理成本、危机处理等方面,一旦没有做出正确预判和评估,很容易陷入眼高手低、纸上谈兵的误区,往往给创业者以沉重打击。因此,这就要求自主创业的高职高专院校学生要随时关注市场动态,明确市场目标,驾驭市场变化,以不变应万变,不断增强竞争力,从而减少创业风险。

总之,大学生创业不是纸上谈兵,必须因时、因地、因人制宜。原南京大学校长陈骏曾指出:"为大学生播撒创业精神的种子,勤于施肥浇水,待时机成熟,自然会开花结果。"事实上,真正解决大学生创业问题是一项系统工程,涉及政府、社会、学校、企业单位和学生自身等各个方面,需要"天时、地利、人和"诸多元素齐抓共管,协同努力,才能使大学生创业的口号落地生根,结出硕果,进而为缓解社会就业压力,促进经济社会持续、健康、快速发展带来新的契机。

 **课后习题**

1. 如何捕捉创业商机?
2. 如何培养创业意识?
3. 如何规避创业风险?

第七章　大学生创业实施

案例 7-1

初创者的艰难

小张是新人创业者,在工作不到一年之后就辞职创业了。投入商海之前,小张仔细分析了自己的优势和劣势,认真分析了社会需求。之后,他准备利用祖辈留下的很多中医药茶饮配方开发中医茶饮,但是缺乏一定的启动资金。经过一段时间的了解,他准备用政府贴息的创业贷款和天使投资基金解决自己的资金难题,于是小张分别拜访了当地承接创业贷款的邮储银行和一些天使投资基金、风险投资基金的负责人,希望通过他们获得一定贷款或股权投资。虽然大家都对他的项目感兴趣,但是小张又遇到了另一个难题——创业计划书。投资者都不约而同地请小张再提交一份详细的创业计划书,认为小张起初提交的仅两页纸的创业项目意向书不够全面。

点评:要想创业成功,离不开一份完美的创业计划书。

第一节　制订创业计划

一、创业计划概述

创业计划,又称商业计划,是引领创业的纲领性文件,是创业者具体行动的指南。一方面,创业计划让创业者自己明晰创业思路;另一方面,创业计划可使投资方明白这个项目的投资价值。创业计划能够全面展现创业者对企业发展的整体规划,它不仅是企业融资所必须具备的基本工具,更能够使创业者通过编制计划书重新审视企业的经营情况,深入了解企业的核心竞争力,评估企业的发展策略。

（1）创业计划是创业者把握企业发展的总纲领。创业计划的内容有两大方面：一是企业追求的目标，二是为了实现这一目标的行动规划。行动和目标越一致，创业计划的可行性越高，创业成功的概率越大。

（2）创业计划是投资者决定是否投资的重要参考。从融资角度来看，创业计划通常被喻为"敲门砖"。

（3）创业计划是创业团队及合作者共同奋斗的动力和期望。明晰的创业计划，有助于团队成员统一思想和路线，有助于步调一致、有的放矢。创业计划书是创业者对理想的现实阐述，是连接理想与现实的桥梁。

（4）创业计划为企业经营活动提供依据与支撑。创业计划是为企业发展所作的规划。企业创立与成长过程需要由创业计划引领。

（5）创业计划是企业活动的有力依据和有效支撑，对创业行动具有指导作用。

二、创业计划的作用

（一）帮助创业者进行自我评估

办企业不是"过家家"，创业者应该以认真的态度对自己所有的资源、已知的市场情况和初步的竞争策略做尽可能详尽的分析，并提出一个初步的行动计划，通过撰写创业计划书，做到心中有数。另外，创业计划书还是创业资金准备和风险分析的必要手段。对初创的风险企业来说，创业计划书的作用尤为重要。一个酝酿中的项目往往很模糊，通过制定创业计划书，把优、劣势都写下来，再逐条推敲，创业者才能对这一项目有更加清晰的认识。

（二）帮助创业者凝聚人心

一份完美的创业计划书可以增强创业者的自信心，使创业者可预测企业未来的经营状况。因为创业计划书规划了企业未来发展的方向，为企业提供了良好的效益评价体系和管理监控指标。创业计划书使得创业者在创业实践中有章可循。创业计划书通过描绘企业的发展前景和成长潜力，使管理层和员工对企业及个人的未来充满信心，并明确要从事的项目和活动，从而使大家了解各自将要充当的角色，需完成什么样的工作，以及自己是否能胜任这些工作等。因此，创业计划书有助于创业者吸引所需要的人才资源从而起到凝聚人心的作用。

（三）帮助创业者对外宣传

创业计划书作为一份全方位的项目计划书，对即将展开的创业项目进行可行性分析,也是向风险投资商、银行、客户和供应商展示拟建企业的经营方式,包括企业的产品、营销、市场、制度、管理、人才队伍等各个方面。这在一定程度上充当了企业的宣传材料的角色。一份完美的创业计划不仅会增强创业者自己的信心,也会增强风险投资家、合作伙伴、员工、供应商、分销商对创业者的信心。这也是企业走向成功的基础。

三、创业计划书的内容

创业计划书的基本结构通常包括封面、保密要求、目录、摘要、正文和附录6个部分。

（一）封面（标题页）

封面包括创业书编号、企业名称、项目名称、项目单位、地址、电话、传真、电子邮件、联系人、企业主页、日期等。封面设计要有美感和艺术性,一个好的封面会使阅读者产生良好的第一印象。

（二）保密要求

保密要求可放在封面,也可放在次页,主要提醒阅读者妥善保管本计划书,不得向第三方公开。

（三）目录

目录需列出主要的章节、附录和对应页码,目的是便于阅读者查找创业计划书的内容。

（四）摘要

摘要是对整个创业计划书的高度概括,目的在于用最简练的语言将创业计划书的核心要点和特色展现出来,吸引阅读者的注意力。

（五）正文

正文是创业计划书的主体部分,主要介绍企业的基本情况、经营管理团队、产品或服务、技术研究与开发、行业及市场预测、营销策略、产品制造、经营管理、融资计划、财务预测、风险控制等投资者所关心的问题。要求数据资料丰富,实事求是,使人信服,能突出重点。

一般而言,在创业计划书的正文中应该包括经营计划概要、企业简介、组织与管理、产品与专业、市场分析、营销计划、技术与研究发展、生产制造计划、财务计划与投资报酬分析、风险评估、结论、证明资料等。

1. 经营计划概要

主要说明资金需求的目的，并简要说明整份计划书的重点，目的是为吸引投资者的兴趣，从而进行下一轮评估。主要的内容如下：

(1) 企业名称与经营团队介绍。

(2) 申请融资的金额、形式、股权比例及价格。

(3) 资金需求的时机与运用方式。

(4) 未来融资需求及时机。

(5) 总计划成本与预算资本额。

(6) 项目摘要。

(7) 投资者可望获得的投资报酬。

2. 企业简介

(1) 说明企业成立的时间、形式与创立者。

(2) 说明企业的股东结构，包括股东背景资料、股权结构。

(3) 介绍企业成立的背景。

(4) 说明企业的业务范围。

3. 组织与管理

(1) 提供经营管理团队成员的学历背景资料、专长与经营理念。

(2) 介绍企业管理者的经营管理经验和团队人员组织管理能力。

(3) 介绍企业的组织结构以及未来组织结构的可能演变。

(4) 介绍人力资源发展计划，包括各功能部门人才需求计划、企业薪资结构、员工分红与认股权、招募培训人才的计划等。

4. 产品与产业

(1) 说明产业环境与发展历史。

(2) 说明产品的发展阶段(包括创意、原型、量产)、开发过程，是否具有专利。

(3) 说明产品的功能、特性、附加价值以及具有的竞争优势。

(4) 提供企业产品与其他竞争性产品的优、劣势比较。

5. 市场分析

(1) 明确产品的目标市场，包括销售对象与销售区域。

(2) 说明过去、现在以及未来的市场需求与成长潜力。

(3) 说明过去、现在以及未来的市场价格发展趋势。

(4) 说明过去、现在以及未来的产品销售量、市场发展情形、市场占有率变化情形。

（5）阐述主要目标市场客户的特征，其接受企业产品的事实证据以及该产品带给客户的具体利益与价值。

（6）说明市场上主要的竞争者，包括竞争者的市场占有率、销售量、排名，彼此的优、劣势以及相应的竞争策略（包括价格、品质、创新等）。若尚无竞争者，则分析未来可能的发展与竞争者出现的概率。

（7）说明其他替代性产品的情形以及未来因新技术发明而威胁到现有产品的可能性与后果，并提出相应对策。

6．营销计划

（1）说明现在与未来五年的营销策略。包括销售与促销的方式、销售网络的分布、产品定价策略以及不同销售量水准下的定价方法。

（2）说明销售计划与宣传等各项成本。

7．技术与研究发展

（1）说明产品研发与生产所需的技术来源以及技术与生产团队的专长与特质。

（2）说明技术特性与应用此技术所开发出来的产品，技术研究所具有的竞争优势与劣势，以及技术未来的发展趋势。

（3）说明企业的技术发展战略，包括短期、中期计划以及技术部门的资源管理方式、持续保持优势的策略。

（4）说明未来研究发展计划，包括研究方向、资金需求、预期成果。

8．生产制造计划

（1）说明建厂计划，包括厂房地点、设计以及所需时间与成本。

（2）说明制造流程与生产方法。

（3）说明物料需求结构，包括原料、零组件来源与成本管理。

（4）说明品质管制方法，包括良品率的假设。

（5）说明委托外制与外包管理情形。

（6）说明制造设备的需求，包括设备厂商与规格功能要求。

（7）说明产品各项固定成本与变动成本以及预估详细生产成本。

（8）说明生产计划，包括自制率、开工率、人力需求等。

9．财务计划与投资报酬分析

（1）提供企业过去财务状况，包括过去五年内的资产负债表、利润表的比较及过去融资来源与用途。

（2）提供财务分析统计图表，指出统计图表异常处，同时应说明所使用的会计方法。

（3）提供融资后 5~7 年的财务预估情况。编列的原则是第一年的财务预估须按月编制,第二年则按季编制,最后三年则按年编制。应说明每一项财务预估的基本假设与会计方法。上述财务预估应包含:资产负债表、利润表、现金流量表、销货收入与销货成本预估表(包括销售数量、价格与总成本、收入金额)。

(4) 提供未来五年损益平衡分析(或敏感性分析)、投资报酬率预估。

(5) 说明未来融资计划,包括融资时机、金额与用途。

(6) 若是成熟期企业,应附企业股票公开上市、上柜的可行性分析。

(7) 说明投资者回收资金的可能方式、时机以及获利情形。

10. 风险评估

此部分应列出可能的风险因素,并估计其严重性与发生的概率,提出解决方法。从事风险分析是为确认投资计划附随的风险,并以数据方式衡量风险对投资计划的影响,目的是向投资者说明风险的对应策略。

11. 结论

此部分应综合前面的分析与计划,说明企业整体竞争优势,并指出整个经营计划的利基所在,尤其强调投资可预期的远大市场前景,以及对于投资者可能产出的显著回报。

12. 证明资料

(1) 附上能够证实前述各项计划可行性和真实性的资料。

(2) 附上详细的制造流程与技术方面的资料。

(3) 附上各种参考体的佐证资料。

(4) 附上创业家详细经历或自传。

(六) 附录

附录是对正文中涉及的相关数据、资料的补充。

此结构为一般结构,仅作为撰写创业计划书的参考模板,可以根据具体实际创业项目对内容进行增删。

第二节 创办企业

一、开办新企业的准备

在完成创业计划书后,就要根据设想意图,着手创办企业了。在此之前,需要创业者把要做的事情列一份清单,明确有哪些工作要做、由谁来做,以及什么时候完成,以此制订出一份行动计划,主要包括以下内容:① 选择合适的营业地点;② 筹集落实启动资金;③ 办理企业登记注册手续;④ 购买或租用机器设备;⑤ 招聘员工;⑥ 前期宣传等。

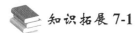

知识拓展 7-1

注册有限责任公司的步骤

1. 核准名称

在确定公司类型、名字、注册资本、股东及出资比例后,可以去注册地所属的市场监督管理局提交核名申请,也可在线上提交。

2. 提交材料

核名通过后,提交以下材料给注册地所在市场监督管理局:

(1) 有限责任公司股东身份证复印件。

(2) 有限责任公司注册资本(认缴制)。

(3) 有限责任公司的住所证明材料(自有:房产证或土地使用证复印件、本人身份证复印件;租赁:①需要房东签字的房产证复印件,房东的身份证复印件,双方签字盖章的租赁合同和租金发票;②若是租的某个公司名下的写字楼,需要该公司加盖公章的房产证复印件、该公司营业执照复印件,双方签字盖章的租赁合同及租金发票)。

(4) 有限责任公司法定代表人、经理、监事、董事、财务负责人身份证复印件。

(5) 公司登记(备案)申请书。

(6) 公司章程、股东会决议、任职文件。

(7) 指定代表或者共同委托代理人授权委托书。

3. 领取执照

收到准予设立登记通知书后,携带通知书、代理人身份证原件到工商局领取营业执照正、副本。

4. 刻章等事项

凭营业执照到公安局指定刻章点办理如下事宜:公司公章、财务章、合同章、法人代表章、发票章。

知识拓展 7-2

合伙企业登记注册

1. 设立合伙企业

设立合伙企业应当具备下列条件:

(1) 有两个以上合伙人,并且都依法承担无限责任者。

(3) 有各合伙人实际缴付的出资。

(4) 有合伙企业的名称。

(5) 有经营场所和从事合伙经营的必要条件。

2. 申请设立合伙企业

申请设立合伙企业时应向企业所在地的市场监督管理局提交下列文件:

(1) 全体合伙人签署的设立登记申请书。

(2) 全体合伙人的身份证明。

(3) 全体合伙人指定的代表或者共同委托的代理人的委托书。

3. 合伙协议

合伙协议应当载明下列事项:

(1) 合伙企业的名称和主要经营场所的地点。

(2) 合伙目的和合伙企业的经营范围。

(3) 合伙人的姓名及其住所。

(4) 合伙人出资的方式、数额和缴付出资的期限。

(5) 利润分配和亏损分担办法。

(6) 合伙企业事务的执行。

(7) 入伙与退伙。

(8) 合伙企业的解散与清算。

(9) 违约责任。

(10) 合伙企业的经营期间和合伙人争议的解决方式。

4. 出资权属证明

5. 经营场所证明

6. 国务院工商行政管理部门规定提交的其他文件

7. 法律、行政法规规定设立合伙企业须报经审批的,还应当提交有关批准文件

知识拓展 7-3

个体工商户登记注册

1. 登记内容及期限

(1) 名称预先登记,3 个工作日。

(2) 个体工商户开业、变更、注销登记,15 个工作日。

2. 登记需要提交的文件

(1) 申请个体工商户名称预先登记应提交的文件、证件包括:

① 申请人的身份证明或由申请人委托的有关证明。

② 个体工商户名称预先登记申请书。

③ 法规、规章和政策规定应提交的其他文件、证明。

(2) 申请个体工商户开业登记应提交的文件、证件包括:

① 申请人签署的个体开业登记申请书(填写个体工商户申请开业登记表)。

② 从业人员证明。本市人员经营的须提交户籍证明,含居民户口簿、身份证以及离退休等各类无业人员的有关证明;外省市人员经营的须提交本人身份证、暂住证、劳动用工证、经商证明及初中以上学历证明,育龄妇女还须提交计划生育证明。

③ 经营场地证明。

④ 个人合伙经营的合伙协议书。

⑤ 家庭经营的家庭人员的关系证明。

⑥ 名称预先核准通知书。

⑦ 法规、规章和政策规定应提交的有关专项证明。

二、预测启动资金

(一) 启动资金的类型

启动资金主要是用来支付场地(土地和建筑)、办公家具和设备、机器、原材料和商品库存、营业执照和许可证、开业前广告和促销、工资以及水电费和电话费等费用。启动资金的支出主要有以下两种:

1. 投资(固定资产)

投资是指企业购买的价值较高、使用寿命长的物品。有的企业用很少投资就能开办,而有的需要大量的投资才能启动。创业者应该是把必要的投资降到最低限度,减少企业承担的风险。

2. 流动资金

流动资金指企业日常运转所需要支出的资金。

(二)投资(固定资产)预测

作为投资使用的资金,一般情况下,不是很快就能完全回本的,因此,创业者在开办企业之前,务必预估企业究竟需要多少投资资金。主要包括在以下两个方面:① 企业用地和建筑;② 设备。

1. 企业用地和建筑

办企业或开公司都需要有适用的场地和建筑,它或许是一栋整体建筑,或许是一个作坊,或许是一间门面等。无论选择何种形式,这都是初创一家企业时所必须付出的投资。

2. 设备

设备是指企业需要的所有机器、工具、车辆、办公家具等,例如,对于制造商和一些服务行业,在设备上的投资就较大。因此,了解清楚需要什么设备以及选择正确的设备类型就显得非常重要。这在一定程度上可减少不必要的支出。

(三)流动资金预测

企业创立后,一般需要运转一段时间才能有销售收入。例如,制造商在销售之前必须先把产品生产出来;服务企业在开始提供服务之前要买材料和用品;零售商和批发商在卖货之前必须先买货。有的企业在招揽顾客之前,还会专门划拨一笔费用,进行宣传促销。总之,流动资金一般用于支付以下开销:

(1)购买原材料和成品储存。制造商生产产品需要原材料,服务行业的经营者也需要购买相应的材料,零售商和批发商需要储存商品来出售。因此,预计的库存越多,需要用于采购的流动资金就越大。因此,创业者必须合理计算库存,明确回款周期,优化资金配置。

(2)促销。企业成立之初,还没有形成一定的规模效应和品牌效应时,其产品在初入市场时,需要做一些宣传促销活动,以此打开市场知名度。

(3)工资及办公费用。主要包括每月支付给员工的工资、给他们缴纳的社会保险、购买办公用品、缴纳水电等的费用。

(4)租金。主要包括企业办公场所的租金和设备租金等。

(5) 保险及其他费用。

三、筹措启动资金

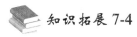知识拓展 7-4

大学生创业最新的优惠政策

(1) 大学毕业生在毕业后两年内自主创业的,到创业实体所在地的工商部门办理营业执照,注册资金(本)在 50 万元以下的,允许分期到位,首期到位资金不低于注册资本的 10%(出资额不低于 3 万元),一年内实缴注册资本追加到 50% 以上,余款可在三年内分期到位。

(2) 大学毕业生新办咨询业、信息业、技术服务业的企业或经营单位,经税务部门批准,免征企业所得税两年;新办从事交通运输、邮电通信的企业或经营单位,经税务部门批准,第一年免征企业所得税,第二年减半征收企业所得税;新办从事公用事业、商业、物资业、对外贸易业、旅游业、物流业、仓储业、居民服务业、饮食业、教育文化事业、卫生事业的企业或经营单位,经税务部门批准,免征企业所得税一年。

(3) 各地有商业银行、股份制银行、城市商业银行和有条件的城市信用社要为自主创业的毕业生提供小额贷款,并简化程序,提供开户和结算便利,贷款额度在 2 万元左右,贷款期限最长为 2 年,到期确定需延长的,可申请延期一次。贷款利息按照中国人民银行公布的贷款利率确定,担保最高限额为担保基金的 5 倍,期限与贷款期限相同。

(4) 政府人事行政部门所属的人才中介服务机构,免费为自主创业毕业生保管人事档案(包括代办社保、职称、档案工资等有关手续)两年;提供免费查询人才、劳动力供求信息,免费发布招聘广告等服务,适当减免参加人才集市或人才劳务交流活动收费,优惠为创办企业的员工提供一次培训、测评服务。

(一) 计算企业启动资金

(1) 依据产品或服务的成本价格,计算其销售价格。

(2) 预测 12 个月内的销售收入。

(3) 制订销售和成本计划,预测是否赢利。
(4) 制订现金流量计划,评估资金是否充足。

知识拓展 7-5

现金流量计划与销售成本计划

表 7-1 现金流量计划与销售和成本计划的不同点

项目	销售成本计划	现金流量计划
折旧	包括	不包括
贷款利息	包括	包括
贷款本金	不包括	包括
销售	当月有订单的记录销售(赊销和现金)	当月收到现金的记录销售

(二)筹措启动资金

启动资金除了是创业者自己的积蓄外,还可以通过以下渠道进行筹措:

1. 向亲朋好友借钱

从亲朋好友处借钱是筹措资金的一种常见做法。但是,借钱有风险,双方需谨慎。创业者借钱,除了要写借条(注明预计还款时间)外,还要让他们了解企业现在的情况、定期向他们汇报企业的运营状况,千万不可做言而无信之人。

2. 从供货商处赊购

在制造业中,有些信誉良好且有温度的企业可以和供货商约定,先发货再结账。

3. 从正规的金融机构贷款

目前,为了鼓励创新创业,国家制定了各种相关法规和政策,为小企业家创造了宽松的环境。例如,建立小额贷款信用担保基金和担保体系,有效解决小企业融资难的问题。

四、组建创业团队

 案例 7-2

小赵的合作创业经历

大学毕业后,小赵曾经历三次合作创业:

第一次是 2003 年 6 月,小赵刚刚从公司辞职,和一个同事合作,做起了一个项目的代理。他们把资金合在一起,同事因为还要上班,因此由小赵负责日常经营,该同事负责财务方面的工作。合作期间,两人遇到很多从没有遇到的问题,他们一起协商解决,在困难的时候确实感觉到合作的力量,至少面对问题时商量的人多,智慧就多,问题就好解决。两人合作得非常好,逐步打败了同行,成为最后的胜利者。

第二次合作发生在 2004 年 10 月,随着小赵和同事合作的不断深入,小赵的其他朋友想要一起参与,做全国市场。后来因为各种原因,合作过程中出现一系列问题:分工不明确、没有将合作条约的书面形式规定下来、出现外行管理内行、互相不信任、运作不踏实、内部缺乏监督制约等情况,给团队带来很大的风险与危机,结果这次合作以失败告终。

第三次合作是在小赵和他的团队组建了股份公司后,在吸取第二次合作失败教训的基础上,小赵与合作伙伴签订了合作协议,要求大家必须遵守协议内容和公司规章制度。虽然后面股东们也有产生意见分歧的时候,但是面对原则,谁也不敢妄动。后来,公司运营开始慢慢好转,也打开了全国市场,并且在地方市场上也有所好转。

产品是靠人来生产的,一群人只有团结起来形成合力,才能形成商业利益。一个有效率的企业要组织得严谨,要让所有员工知道自己必须做什么以及具备完成任务所需要的技能。此外,还可通过建立岗位责任制的形式,做好企业管理。

本书将以小微企业为例,介绍企业创业团队的构成。

(一)业主

在大多数微小企业中,创业者本人就是业主,主要有以下职责:① 开发创意,制定目标和行动计划;② 组织和调动员工实施行动计划;③ 确保计划的执行,使企业达到预期的目标。

（二）企业合伙人

如果企业不止一个业主，这些业主将以合伙人的身份，共享收益，共担风险。要管理好一个合伙制企业，合伙人之间的交流一定要透明和诚恳，可通过签订合作协议的方式，明确各自的责任和义务。

（三）员工

一个人的精力有限，随着企业的发展壮大，不可能独自完成所有的工作，因此，就需要雇佣劳动力。若想找到自己满意的员工，需注意以下几点：① 根据企业发展情况，列出需要招聘的工作岗位；② 列出岗位要求和任职资格；③ 明确需招聘的人数；④ 可支付的工资等。

（四）企业顾问

企业顾问就是可以为企业提供信息服务的个人或机构，他们一在某个领域或方面有着丰富的经验或资源，可以为企业的发展提供帮助。

无论大企业还是小微企业，创业者都必须很好地管理员工，这样才能使企业顺利且成功地运作起来。每个员工都对企业的成功起作用，要管好企业，你必须知道你的企业有哪些工作要做，要明白每个员工各自的角色和岗位，然后慎重地选择具备知识和技能的员工，懂得如何安排他们的工作，从而使得企业发展壮大。

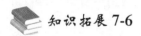

知识拓展 7-6

钥匙和锁的故事

一日，锁对钥匙埋怨道："我每天辛辛苦苦为主人看守家门，而主人喜欢的却是你，总是每天把你带在身边。"而钥匙也不满地说："你每天待在家里，舒舒服服，多安逸啊，我每天跟着主人，日晒雨淋，多辛苦啊！"一次，钥匙也想过一过锁那种安逸的生活，于是把自己偷偷藏了起来。主人出门后回家，不见了开锁的钥匙，气急之下，把锁给砸了，并扔进了垃圾堆里。主人进屋后，找到了那把钥匙，气愤地说："锁都砸了，现在留着你还有什么用呢？"说完，把钥匙也扔进了垃圾堆里。在垃圾堆里相遇的锁和钥匙，不由感叹起来："今天我们落得如此可悲的下场，都是因为过去我们在各自的岗位上没有相互配合，而是相互妒忌和猜疑啊！"

第三节 运营初创企业

一、企业的日常活动

由于企业的类型不同,它们的日常业务活动也有差异。例如,零售商店的日常工作主要是销售、采购存货、记账和管好店员;服务行业的日常工作是招揽生意,完成服务任务等。不论企业属于哪种类型,以下的工作都是必不可少的:

(一)监督管理员工

一个企业的成功是所有员工共同努力的结果,如果员工的技能不足、积极性不高、配合不当,即便你有一个好的企业构想,最终也无法成功。所以要非常重视对员工的培训和激励。

1. 要树立团队意识

一个团队的所有力量都应拧成一股绳,齐心协力完成分配任务,这样当任务完成时,每个人都会受到鼓舞。树立团队意识可以:① 提高员工的工作积极性;② 提高工作质量标准;③ 提高生产效率。

2. 重视对员工培训

这是企业成功的重要因素,可以使:① 员工能学到新的、更有效的工作方法;② 让员工感受到关心,促进员工为企业做出更多的贡献。

3. 重视员工的安全

安全生产已经提升到法律的高度,任何一个企业都要高度重视员工的安全问题。除了做好员工的安全知识培训、提高其安全意识外,还要通过制定一系列制度,进行不定期的安全检查,落实安全事故责任制度,保障自身和员工的切身利益。

(二)采购存货、原材料或服务

所有的企业都有买进卖出活动。例如,零售商从批发商处买来商品,然后卖给顾客;批发商从制造商处进货,卖给零售商;制造商从不同渠道采购材料制成商品,再卖给顾客;服务行业的经营者来买设备和材料,然后出售他们的服务。因此,企业要慎重采购原材料和选择服务,从而降低成本,提高利润。

(三) 生产管理

生产管理是制造行业和服务行业的一项日常工作,主要包括:① 生产什么;② 在何处生产;③ 何时生产;④ 生产多少;⑤ 生产数量。这些工作的目的就是要求创业者合理管理企业,为顾客提供保质保量的产品。

(四) 为顾客服务

为吸引顾客,促销是一种常见的手段,目的是使那些现有的和潜在的顾客了解你的产品,并争取获得为其服务的机会。因为,顾客是企业的生存的必要条件。常见的促销手段有:① 在报纸或杂志上做广告;② 散发传单或小册子;③ 利用广播和电视做广告;④ 在橱窗和公共场所挂广告招牌。

(五) 掌握和控制成本

作为创业者,需要了解企业的生产成本,这有助于对自己的产品或服务制订合理价格,赚取利润。因此,控制成本是增加企业利润的有效途径。

(六) 制定价格

商品价格的制定,除了与生产成本有关外,还与商品的市场占有率、商品本身的价值等有关。因此,在对商品进行定价时,要进行充分的市场调研,合理定价,保证商品既能销售出去,又能保持盈利。

(七) 业务记录

作为创业者,必须知道企业经营的状况。如果经营遇到困难,通过分析日常的业务记录,或许可以发现问题所在;如果企业运转良好,创业者也能利用这些记录进一步了解企业的优势所在,使企业更具有竞争力。做好业务记录能帮助创业者做出正确的经营决策。做好业务记录有助于以下工作的开展:① 控制现金;② 控制赊账;③ 随时了解你的负债情况;④ 控制库存量;⑤ 了解员工动态;⑥ 掌握固定资产状况;⑦ 了解企业的经营情况;⑧ 上缴税款;⑨ 制订计划。

(八) 建设企业文化

企业文化是一个组织由其价值观、信念、仪式、符号、处事方式等组成的其特有的文化形象,简单而言,就是企业在日常运行中所表现出的各方各面。其意义有:① 激发员工的使命感;② 增加员工的归属感;③ 加强员工的责任感;④ 赋予员工荣誉感;⑤ 实现员工的成就感。

二、创业资源管理

从企业发展的生命周期来说,新创企业需要经过初创期、早期成长期、快速成长期和成熟期。在不同的创业阶段,企业的工作重心有所不同。因此创业者需要根据企业不同的成长阶段来管理其创业资源,以保持企业的健康发展。在此过程中,创业者需要在实现资源价值的基础上丰富资源库,进一步拓展资源的来源和用途,使新创企业获得持续的竞争优势。

(一)人力资本管理

企业持续成长需要大量的人力资源作为支撑,保持企业持续成长对人力资源管理提出更高的要求。高素质的人力资源是企业持续成长的根本,管理好人力资源是企业持续成长的重要保障。

(1)完善薪酬激励制度,让员工分享自己的成功案例。新企业应制订可体现企业目标、提升员工价值的薪酬制度,激励员工努力合作。

(2)完善内部学习机制,让员工获得发展机会。新企业注重组织学习与员工培训,为员工技术和能力培养提供学习机会,使其获得担任企业生产经营某一特定角色的知识技能、价值观念与行为规范;为员工实现自我发展和个人目标创造条件,促进员工个人对企业发展目标的认同感,实现员工个人与新企业间的相互信任和沟通。

(二)客户资源开发

客户资源的开发包括开拓新客户和留住老客户两个方面。

1. 开拓新客户

为争取到重要的客户,创业者往往需要投入大量的精力和时间等,以获得客户的信任。主要有以下策略:

(1)特殊待遇或优惠。

最初的创业者通常会向资源供给者提供特殊的激励措施,如向早期的顾客提供广泛的服务,甚至免费的辅助服务、培训等;创业者还经常通过给那些其他企业不愿意提供服务的客户提供服务,或者通过雇佣其他企业不愿意雇佣的人来筹集创业初期所需要的资源。

(2)模仿。

许多新创建的企业,通过模仿一些大规模、更成熟的公司的经营模式,提高市场知名度,从而为自己招徕客户。

(3) 设计。

通过精心设计的语言和表现方式,向不同的资源拥有者展示创业者或新创企业的形象。创业者常常尽可能强调新创企业的优势,向资源提供者描绘企业未来蓝图;或通过特定的行动方案设计,给顾客提供超预期的惊喜。

(4) 广泛搜寻。

为了找到最合适的资源供给者,创业者必须充分动用各方面的关系广为宣传,想方设法接触更多的客户,直到找到最佳人选为止。

(5) 循序渐进。

在开拓新客户时,不要只考虑眼前的经济利益,要眼光长远,做好"打持久战"的准备。

2. 留住老客户

已有的客户资源是企业发展的重要支柱。根据国内外的经验数据显示,一个企业80%的收入和利润来自于20%经常惠顾该企业的老客户。这就是著名的"二八定律"。留住老客户的方法有以下几种:

第一,增加客户的忠诚度。

通过不断提高企业产品或服务的质量,提高客户继续使用本企业产品或服务的意愿。通过客户的分类管理,提高重要客户(20%)的满意度;通过对客户的动态跟踪管理,经常调整重点管理的客户对象等方式增加客户的忠诚度。

另外,还可经常举办活动,邀请客户参加如公益活动等,增加与客户的互动与联系。

第二,加大客户的转移成本。

通过产品或服务的差异性,强化客户的消费习惯,加大客户的转移成本。

第三,通过用户锁定留住客户。

用户锁定是指由于信息产业中的产品多数处于某个系统中,单件产品只有与其他产品相互配合时才能发挥作用。因此,客户在购买了某件产品之后,通常还要购买配套的硬件和软件,因此,一旦客户向某种特定的系统中投入各种补充和耐用的资产时,就会被锁定。

(三) 人脉资源开发

人脉即人际关系、人际网络,体现为人的人缘和社会关系,是经由人际关系而形成的人际脉络。美国钢铁大王卡耐基曾总结:"专业知识在一个人成功中的作用只占15%,而其余的85%取决于人际关系。"由此可见,积累和经营人脉对于创业成功的重要性。

在制定人脉规划时,应注意以下几个问题:

1. 人脉资源的结构要科学合理

比如性别结构、年龄结构、行业结构、学历与知识素养结构、高低层次结构、内外结构、现在和未来的结构等。

2. 人脉资源要平衡物质和精神方面的需要,并重视心智方面的需要

创业者的社会关系网络中既应该有真性情的朋友和善于倾听的伙伴,还应该有一些专家、学者、教授等。

3. 注意人脉的深度、广度和关联度

人脉资源既要有广度和深度,又需要有关联度,要扩大交际圈,拓展人脉资源,从长远考虑,需要关注成长性和延伸空间。

此外,建立和维持人脉资源还需要遵循互惠互利、诚实守信等原则。在了解人脉拓展的途径和人脉经营的原则之后,创业者还要不断提高自己的人际交往能力。提高人际交往能力要求创业者具有平等的理念、宽容的态度、换位思考的意识和善于倾听的技巧。

三、企业创新经营

(一) 企业战略创新

随着时间的推移,市场中的每一个行业不断衍生出现不同的企业,企业通过不同的技术和分销方法对细分市场提供各种形式的产品或服务。企业战略创新是指企业发现行业战略定位空间中的空缺,填补这一空缺,并使之发展成为一个大众市场。企业管理者要确定企业的发展战略,就必须不断对"谁将成为公司客户,应该给选中的客户提供什么产品或服务,如何以具有成本效率的方式提供产品、服务?"这三个基本问题进行深入思考并做出正确的回答,从而实现企业的战略创新。

战略定位空间中的空缺主要表现在三个方面:一是新出现的顾客细分市场或竞争对手忽视的现有顾客细分市场;二是顾客的新需要或竞争对手未能充分满足顾客目前的需要;三是为目前或新出现的顾客细分市场生产、传递或分销现有的或创新的产品或服务的新方法。企业不仅可以通过顾客爱好、技术、政府政策等外部环境引起的空缺调整企业战略目标,也可以主动创造空缺,重新制定企业的发展目标,达到战略创新。

(二) 企业品牌创新

随着时代的发展和科技的进步,企业要不断地寻求发展,品牌创新实质就是赋予品牌要素以创造价值的新能力的行为。通过对原有品牌的全部或者部分进行调

整与修改,形成新的品牌,使品牌增值。企业进行品牌创新的方式主要有以下几种:

1. 产品与技术创新

品牌是以产品为载体的,离开了高质量的产品,品牌也就成了无本之木、无源之水。对于企业来说,进入目标市场,赢得竞争优势,产品是其基本手段。产品创新要以市场需求为导向,满足消费者的需求。在某种程度上来讲,顾客是产品创新的实际参与者。企业利用技术创新开发研制出新的产品,这些新产品的上市可以改变或提升原来产品在消费者心目中的地位,强化了品牌在消费者心中的印象,消费者对该品牌产生信任并选择重复购买该产品,从而使该品牌有着顽强的生命力,保证了企业稳定持续发展。

2. 服务创新

服务创新就是使潜在用户感受到不同于从前的崭新内容,是指新的设想、新的技术手段转变成新的或者改进的服务方式。服务创新为用户提供以前没有实现的新颖服务,这种服务在以前由于技术等限制因素不能提供,现在因突破了限制而能提供。服务创新需要跨学科的交流和合作,它是一种技术创新、业务模式创新、社会组织创新、用户创新的综合。最有意义的服务创新来自对服务对象的深入了解,这样的深入比一般的产品创新要深入得多。

(三)企业营销创新

所谓营销创新就是根据营销环境的变化情况,并结合企业自身的资源条件和经营实力,寻求营销要素在某一方面或某一系列的突破或变革的过程。在这个过程中,并非要求一定要有创造发明,只要能适应环境,赢得消费者,且不触犯法律、法规和通行惯例,同时能被企业所接受,那么这种营销创新即是成功的。需要说明的是,能否最终实现营销目标不是衡量营销创新成功与否的唯一标准。

1. 营销理念创新

市场营销既是一种理念,也是一种方法。当它作为一种理念时,发挥的是改变人们的思维方法的功能;当它作为一种方法时,主要是改变人们的行为方式。因此,营销创新的关键是理念创新,主要包括以下几个方面:

(1) 整合营销。

即将各种原本单一的营销工具和营销手段,系统地组合起来,根据具体营销环境的变化灵活地做出调整,实现营销效果和营销价值的最大化。

(2) 战略营销。

战略营销有四个组成要素及变量,即产品、渠道、价格、促销,它们也是常见营销变量。

(3) 关系营销。

是指企业在盈利的基础上,建立、维持和促进与顾客和其他伙伴之间的关系,以实现参与各方的目标,从而形成一种兼顾各方利益的长期关系。

(4) 网络营销。

网络营销是企业整体营销战略的一个组成部分,是为实现企业总体经营目标进行的,以互联网为基本手段营造网上经营环境的各种活动。

(5) 服务营销。

企业在充分认识满足消费者需求的前提下,为充分满足消费者需求,在营销过程中所采取的一系列活动。当然,随着市场的发展,还有很多营销创新理念,如体验营销、绿色营销、生态营销等。

2. 营销策略创新

营销策略创新是指企业具体营销手段的创新,主要表现在产品、渠道、价格和促销上,这里将不再赘述。

(四) 企业文化创新

企业文化创新是指为了使企业的发展与环境相匹配,根据自身的性质和特点形成体现企业共同价值观的企业文化,并不断创新和发展的活动过程。主要包括以下几方面的内容:

1. 企业精神文化创新

企业精神文化创新主要包括企业的愿景、价值观和企业道德。企业的愿景是企业最高管理者头脑中的一种概念,是员工对企业未来的设想,是激发员工努力的动力。企业价值观是指企业及其员工的价值取向,是指企业在追求经营成功过程中所推崇的基本信念和奉行的目标。也有人将企业道德文化称为企业规范文化,是指企业文化中以企业道德为中心的文化形态和特质,它包括企业的道德观念、道德情感、道德理想、道德规范、道德行为以及影响企业道德的基本因素和途径。企业道德的创新,实质上是通过提升员工的思想觉悟,实现员工个人价值观与企业价值观的统一。

2. 企业制度文化创新

企业制度文化是企业领导体制、组织机构和管理制度的具体体现,是企业文化的重要组成部分,是企业文化理念在企业中得到贯彻和执行的有力保障。企业制度文化是企业文化的重要组成部分,制度文化是一定精神文化的产物,它必须适应精神文化的要求。人们总是在一定的价值观的指导下去完善和改革企业各项制度的,企业的组织机构如果不与企业目标相适应,企业目标就无法实现。

3. 企业行为文化创新

企业行为文化即企业文化的行为层面,是指企业员工在企业经营、教育宣传、人际关系活动、文娱体育活动中产生的文化现象。它是企业经营作风、精神风貌、人际关系的动态体现,也是企业精神、企业价值观的折射。企业行为文化包括企业领导的行为和企业员工的行为。企业领导的行为决定着企业的大政方针和经营决策与管理,领导者的思想和经营管理理念直接影响着企业的发展方向,因此,企业文化创新的根本是企业领导者行为的创新。

4. 企业物质文化创新

企业物质文化是指由职工创造的产品和各种物质设施等构成的器物文化,是一种以物质形态为主要研究对象的表层企业文化,主要包括企业的产品、企业的形象、企业的基础设施和技术设备等。

课后习题

1. 如何制作你的创业计划书?
2. 如何创办你的企业?
3. 如何运营你的企业?

第八章 就业创业相关法律法规

案例 8-1

警惕：别在创业中吃法律"亏"

高职院校毕业生沈德平是一名自主创业者，是某品牌服装代理。他有一个客户，跟他拿了 3 万元的货，只手写了一张货款欠条，什么合同也没签就走了，之后再无音信。他追到上海，要求当地派出所帮助查找这个人，被拒绝，派出所说他出示的手写欠条不能作为法律凭证，还要提供一份正式的律师函才行。

点评：创业者遇到的法律问题有不少和合同有关，而他们偏偏缺乏这方面的基本法律常识，如不知道要签合同，或者是签的合同条款不严谨，让别人钻了空子，有人因此血本无归。

有些创业者认为，只要签了合同，就什么保障都有了。其实，这种认识是错误的。

首先，任何合同内容都要合法，只有内容合法的合同，才能在双方发生纠纷时起到保护当事人利益的作用。否则一旦发生纠纷，麻烦会更大。

其次，创业者签合同前要弄清对方有无签合同的合法授权，否则，所签署的合同等于废纸一张。

再次，不管什么合同都是自由缔约的，缔约的内容主要由缔约双方协商决定。所以，签合同前如一点法律常识都没有，给别人钻空子的可能性就较大。

第一节 就业创业过程权益与义务

一、毕业生就业过程中的权益

权益是一种法定的利益。大学毕业生是一个特殊的社会群体，随着大学的扩招,毕业生的就业压力增大,企业用人自主权不断扩大,加之大学毕业生法律意识的淡薄,侵犯大学毕业生合法权益的现象也逐渐增多。那么哪些权益是大学毕业生必须享有的呢?

（一）就业权益

就业权益分为两个阶段,每个阶段的权益也是不同的。首先大学生毕业求职阶段时,拥有获取就业信息权、接受就业指导权、被推荐权;其次在签约阶段,大学毕业生有自主选择权、公平录用权、违约求偿权。具体如下:

1. 获取就业信息权

（1）信息公开,透明化。即所有的就业招聘相关的信息都要向全体大学毕业生公开,学校与其他相关单位、个人都不得隐瞒、截留或更改信息。

（2）信息传递要及时、有效。即传递给大学毕业生的所有信息都要及时、有效,不得发布过期的无效信息。

（3）信息要准确、全面。只有准确、全面的信息才能有助于毕业生做出正确分析判断和岗位抉择。

2. 接受就业指导权

接受就业指导权是毕业生必须享有的权利,所以各学校应当安排专门的教师做好毕业生的职业规划和就业指导教育工作。专职教师或者辅导员应对毕业生的择业、就业方面的技巧与法规、政策进行解读,指导学生根据国家政策、地方法规、社会需求及个人情况,准确定位,正确择业。

3. 被推荐权

高等教育机构的一项重要职责就是向用人单位推荐本校毕业生。推荐时,学校要做到公平、公正,实事求是,择优推荐,避免随意、不负责任的推荐行为。

4. 自主选择权

只要符合就业方针与政策,高校毕业生可以自主选择就业单位。其他单位与个人均不得干涉,不得变相强加。

5. 公平录用权

公平录用权是毕业生最需要得到维护的权益。根据我国《劳动法》规定,毕业生不分民族、性别、宗教信仰,享有平等的就业权利。用人单位要在录用毕业生时做到公平、公正,一视同仁。

6. 违约及求偿权

毕业生、用人单位签订协议后,任何一方不得擅自毁约。如用人单位无故要求解约,毕业生有权要求对方严格履行就业协议,否则用人单位应对毕业生承担违约责任,毕业生有权利要求用人单位进行补偿,支付违约金。求偿权,即向违约方要求承担违约责任、获得赔偿的权利。我国《合同法》第一百一十二条规定:"当事人一方不履行合同义务或者履行合同义务不符合约定的,在履行义务或者采取补救措施后,对方还有其他损失的,应当赔偿损失。"第一百二十二条规定:"因当事人一方的违约行为,侵害对方人身、财产权益的,受损害方有权选择依照本法要求其承担违约责任或者依照其他法律要求其承担侵权责任。"

(二)劳动权益

大学毕业生被用人单位录用后享其劳动权益。劳动权益是不分阶段的,试用期要符合法律要求,毕业生享有同等的就业劳动权益。主要有以下几个方面:

1. 要求用人单位履行就业协议接收毕业生的权利

就业协议一经签订,就具有法律效力,因此,就业单位必须依照就业协议接收毕业生,并为其安排工作岗位,保证毕业生正常就业。

2. 签订正式劳动合同的权利

根据我国《劳动法》规定:"劳动合同是劳动者与用人单位确定劳动关系、明确双方权利和义务的协议。建立劳动关系应当订立劳动合同。"用人单位聘用劳动者后不签订劳动合同是违反法律的行为。对用人单位故意拖延不签订劳动合同,对劳动者造成损害的,应当赔偿劳动者损失。

3. 获得劳动报酬的权利

无论是否通过试用期,劳动者都有获得劳动报酬的权利,可以因技能水平、工作熟练程度等方面的差距有所差异,但不能无故拖欠或找借口不予支付。

4. 解除协议权

当履行协议后毕业生的权益或人身自由、人身安全受到用人单位严重侵害时,毕业生可以主动提出解除协议。我国《劳动法》第三十二条规定:"有下列情形之一的,劳动者可以随时通知用人单位解除劳动合同:在试用期内的;用人单位以暴力、威胁或者非法限制人身自由的手段强迫劳动的;用人单位未按照劳动合同约定支付劳动报酬或者提供劳动条件的。"

5. 享有社会保险的权利

劳动者在试用期间,与其他劳动合同制员工一样,用人单位都应当依法为其办理和缴纳社会保险。

6. 享有劳动保护的权利

用人单位应当为劳动者提供必要的劳动防护用品和劳动保护设施,防止意外事故发生,避免其人身受到危害。

7. 解除劳动合同的权利

在试用期间内,劳动者可以随时与用人单位解除劳动合同,不需要任何附加条件。用人单位不得要求劳动者支付职业技能培训费用,并应按劳动者的实际工作天数为劳动者支付工资。用人单位需要与试用期的劳动者解除劳动合同时,必须有证据证明劳动者不符合录用条件时才能辞退。否则,合同签订后,用人单位就不能随意解除劳动者。

8. 申诉权

我国《劳动法》第七十七条规定:"用人单位与劳动者发生劳动争议,当事人可以依法申请调解、仲裁、提起诉讼,也可以协商解决。"第七十九条规定:"劳动争议发生后,当事人可以向本单位劳动争议调解委员会申请调解;调解不成,当事人一方要求仲裁的,可以向劳动争议仲裁委员会申请仲裁。当事人一方也可以直接向劳动争议仲裁委员会申请仲裁。对仲裁裁决不服的,可以向人民法院提起诉讼。"第八十三条规定:"劳动争议当事人对仲裁裁决不服的,可以自收到仲裁裁决书之日起十五日内向人民法院提起诉讼。一方当事人在法定期限内不起诉又不履行仲裁裁决的,另一方当事人可以申请人民法院强制执行。"此外,我国《合同法》第一百二十八条规定:"当事人可以通过和解或者调解解决合同争议。当事人不愿和解、调解或者和解、调解不成的,可以根据仲裁协议向仲裁机构申请仲裁。""当事人没有订立仲裁协议或者仲裁协议无效的,可以向人民法院起诉。当事人应当履行发生法律效力的判决、仲裁裁决、调解书;拒不履行的,对方可以请求人民法院执行。"

二、毕业生创业过程中的权益

按照《国务院关于进一步做好新形势下就业创业工作的意见》(国发〔2015〕23号)、《国务院办公厅关于深化高等学校创新创业教育改革的实施意见》(国办发〔2015〕36号)等文件规定,高校毕业生自主创业优惠政策主要包括:

(一)税收优惠

简化大学生创业流程,取消大学生自主创业证。持人社部门核发的就业创业证(注明"毕业年度内自主创业税收政策")的高校毕业生在毕业年度内(指毕业所在自然年,即1月1日至12月31日)创办个体工商户、个人独资企业的,3年内按每户每年8000元为限额依次扣减其当年实际应缴纳的营业税、城市维护建设税、教育费附加和个人所得税。对高校毕业生创办的小型、微型企业,按国家规定享受相关税收支持政策。

(二)创业担保贷款和贴息支持

对符合条件的高校毕业生自主创业的,可在创业地按规定申请创业担保贷款,贷款额度为 10 万元。鼓励金融机构参照贷款基础利率,结合风险分担情况,合理确定贷款利率水平,对个人发放的创业担保贷款,在贷款基础利率基础上上浮 3 个百分点以内的,由财政给予贴息。

(三) 免收有关行政事业性收费

毕业 2 年以内的普通高校毕业生从事个体经营(除国家限制的行业外)的,自其在工商部门首次注册登记之日起 3 年内,免收管理类、登记类和证照类等有关行政事业性收费。

(四) 享受培训补贴

对高校毕业生在毕业学年(即从毕业前一年 7 月 1 日起的 12 个月)内参加创业培训的,根据其获得创业培训合格证书或就业、创业情况,按规定给予培训补贴。

(五) 免费创业服务

有创业意愿的高校毕业生,可免费获得公共就业和人才服务机构提供的创业指导服务,包括政策咨询、信息服务、项目开发、风险评估、开业指导、融资服务、跟踪扶持等"一条龙"创业服务。各地在充分发挥各类创业孵化基地作用的基础上,因地制宜建设一批大学生创业孵化基地,并给予相关政策扶持。对基地内大学生创业企业要提供培训和指导服务,落实扶持政策,努力提高创业成功率,延长企业存活期。

(六) 取消高校毕业生落户限制

允许高校毕业生在创业地办理落户手续(直辖市按有关规定执行)。

(七) 毕业生创业其他相关优惠政策

近年来,为支持大学毕业生创业,国家和各级政府出台了许多优惠政策,涉及融资、开业、税收、创业培训、创业指导等诸多方面。

(1) 大学毕业生在毕业后 2 年内自主创业,到创业实体所在地的工商部门办理营业执照,注册资金(本)在 50 万元以下的,允许分期到位,首期到位资金不低于注册资本的 10%(出资额不低于 3 万元),1 年内实缴注册资本追加到 50% 以上,余款可在 3 年内分期到位。

(2) 大学毕业生新办咨询业、信息业、技术服务业的企业或经营单位,经税务部门批准,免征企业所得税两年;新办从事交通运输、邮电通讯的企业或经营单位,经税务部门批准,第一年免征企业所得税,第二年减半征收企业所得税;新办从事公用事业、商业、物资业、对外贸易业、旅游业、物流业、仓储业、居民服务业、饮食业、教育文化事业、卫生事业的企业或经营单位,经税务部门批准,免征企业所得税1年。

(3)各国有商业银行、股份制银行、城市商业银行和有条件的城市信用社要为自主创业的毕业生提供小额贷款,并简化程序,提供开户和结算便利,贷款额度在2万元左右。贷款期限最长为2年,到期确定需延长的,可申请延期一次。贷款利息按照中国人民银行公布的贷款利率确定,担保最高限额为担保基金的5倍,期限与贷款期限相同。

(4)政府人事行政部门所属的人才中介服务机构,免费为自主创业毕业生保管人事档案(包括代办社保、职称、档案工资等有关手续)2年;提供免费查询人才、劳动力供求信息,免费发布招聘广告等服务;适当减免参加人才集市或人才劳务交流活动收费;优惠为创办企业的员工提供一次培训、测评服务。

以上优惠政策是国家针对所有自主创业的大学生所制定的,各地政府为了扶持当地大学生创业,也出台了相关的政策法规,而且更加细化,更贴近实际。

三、毕业生就业过程中应履行的义务

毕业生在享有法律、法规和有关政策规定的权利的同时,也应当履行自己的义务,这些义务主要包括:

(一)服从国家需要的义务

回报国家、社会的义务。我国《宪法》规定,劳动对于公民来说,既是权利也是义务,是权利和义务的结合和统一。对于毕业生而言,不仅要履行作为公民来说必须履行的劳动义务,而且按照"得之于社会、还之于社会、报之于社会"的原则,毕业生理应积极地回报国家、社会和家庭,承担起自己应尽的义务。

服从国家需要的义务。虽然毕业生在择业过程中有相当大的自主权,但是并不能排除服从国家需要的义务。作为当代大学生,可以根据个人意愿选择用人单位,但上大学不完全是一种投资于未来发展的个人行为,大学生上大学所缴纳的学费只是培养费的一小部分,国家和社会为大学生的成才付出了很大的代价。

因此,大学生就业不仅仅是个人行为,还应服从国家的需要。当国家重点建设项目或某些行业急需人才的时候,应积极为国家的重点建设工程或项目服务,如西部志愿者、"三支一扶"、服兵役等。

(二)向用人单位实事求是介绍个人情况的义务

毕业生在求职择业过程中应如实向用人单位介绍自己的情况,这是基本的择

业道德要求,也是自己应尽的义务,毕业生在填写推荐表、撰写自荐信、向用人单位介绍自己时,必须实事求是,不得弄虚作假。

(三) 接受用人单位组织的测试或考核的义务

用人单位为了招聘到符合要求的毕业生,一般都要通过一些测试或考核手段来了解毕业生的情况,以做出是否录用的决定。因此,毕业生应予积极配合,充分展现自己的能力,接受用人单位的测试和考核。

(四) 严格按照就业协议及其他合法约定履行相应的义务

毕业生有遵守和履行就业协议的义务。毕业生与用人单位通过双向选择签订协议,以约束双方的行为。遵守协议是就业工作顺利进行的保证。尊重诺言、表里如一、言行一致是做人的基本准则,讲信誉是毕业生应尽的义务。协议一经签订,就不能随便违约;一旦违约,不仅影响学校正常的就业秩序,而且会损害用人单位、学校及其他同学等各方面的利益。因此,毕业生必须增强信用意识,按时到工作单位报到。《普通高等学校毕业生就业工作暂行规定》要求,毕业生办理离校手续后,应持报到证按时到用人单位报到。如果自离校之日起,无正当理由超过3个月不去就业单位报到的,由学校报主管毕业生就业部门批准,不再负责其就业。

(五) 依照职责完成工作的义务

毕业生是接受了高等教育的人才,用人单位往往寄予厚望,赋予重要职责,因此,毕业生有义务遵守单位的工作纪律,积极努力,将自己的知识和才能充分发挥出来,切实履行工作职责,圆满完成所承担的工作任务,为单位的发展做出应有的贡献。

(六) 不断提高职业技能的义务

现代社会,科学技术日新月异,飞速发展,新的知识、技术层出不穷。一方面,毕业生在校期间,本身在技能掌握上不一定能完全适应工作实践的需要;另一方面,工作以后,日益更新的知识与技术需要毕业生在实践中继续抓紧学习,积极参加单位安排的技术培训,钻研业务,掌握更多、更新的技能,这样才能不断适应工作的要求,也才能在工作中有所作为、有所成就。

四、毕业生创业过程中应履行的义务

(1) 创业者要着力于培养良好的企业精神,要用远大的理想、崇高的信仰、美好的道德统一员工的价值观,激发他们的工作热情,为整个社会的精神文明建设添砖加瓦。

(2)创业者要注意企业的方向、道路,应贯彻国家的方针、路线、政策,执行国家的法规、法令,自觉接受国家的监督和控制。

(3)创业者要正确处理各方面的利益关系,在维护和增加集体、个人利益的同时,按时、足额纳税,履行自己对国家的责任和义务。

(4)创业者要努力完成下达的生产计划,严格执行经济合同,了解市场需求,满足社会需要,为国家的繁荣昌盛多作贡献。

(5)创业者要重视树立企业在整个社会、在广大消费者心目中的形象,不贪图眼前的暂时利益。

(6)创业者要自觉地把个人的事业、企业的发展和社会的需要、人类的进步有机统一起来。

第二节　就业创业权利法律保障

一、就业相关法律法规解读

按照《国务院关于做好当前和今后一段时期就业创业工作的意见》(国发〔2017〕28号)、《中共中央办公厅 国务院办公厅印发＜关于进一步引导和鼓励高校毕业生到基层工作的意见＞的通知》(中办发〔2016〕79号)、《中共中央组织部 人力资源社会保障部等五部门关于印发高校毕业生基层成长计划的通知》(人社部发〔2017〕85号)等文件规定:

(1)完善工资待遇进一步向基层倾斜的办法,健全高校毕业生到基层工作的服务保障机制,鼓励毕业生到乡镇特别是困难乡镇机关事业单位工作。

(2)对高校毕业生到中西部地区、艰苦边远地区和老工业基地县以下基层单位就业,履行一定服务期限的,按规定给予学费补偿和国家助学贷款代偿(本专科学生每人每年最高不超过8000元、研究生每人每年最高不超过12000元)。

(3)结合政府购买服务工作的推进,在基层特别是街道(乡镇)、社区(村)购买一批公共管理和社会服务岗位,优先用于吸纳高校毕业生就业。

(4)落实完善见习补贴政策,对见习期满留用率达到50%以上的见习单位,适当提高见习补贴标准,允许就业见习补贴用于见习单位为见习人员办理人身意外伤害保险,以及对见习人员的指导管理费用。

(5)将求职补贴调整为求职创业补贴,对象范围扩展到已获得国家助学贷款的毕业年度高校毕业生,贫困残疾人家庭、建档立卡贫困家庭高校毕业生和特困人员中的高校毕业生。

(6)艰苦边远地区基层机关招录高校毕业生可适当放宽学历、专业等条件,降低开考比例,可设置一定数量的职位面向具有本市、县户籍或在本市、县长期生活的高校毕业生。

各地各高校要服务乡村振兴战略,引导毕业生到现代种植业、农产品加工、农村电子商务等产业就业创业,投身扶贫开发和农业农村现代化建设。结合城镇化进程和公共服务均等化要求,充分挖掘教育、劳动就业、社会保障、医疗卫生、住房保障、社会工作、文化体育及残疾人服务、农技推广等基层公共管理和服务领域的就业潜力,吸纳高校毕业生就业。

二、创业相关法律法规解读

国家关于创业的政策及其法律法规,与创办企业相关的有关条例和规章主要有:

(1)《中华人民共和国公司登记管理条例》。(多在申请办理营业执照时用)

(2)《中华人民共和国企业法人登记管理条例》。(多在申请办理营业执照时用)

(3)《中华人民共和国企业名称登记管理规定》。(多在申请办理营业执照前用)

(4)《税务登记管理办法》。

创业者以市场经营主体进入市场时,应了解政府对于进入特殊行业或者进行特种经营时所设定的有关条件,了解从事哪些行业或服务另有规定,需要到政府有关部门或行业主管机构领取哪些特种经营资质证或许可证等证照,以便提前准备。

(一)个体户、个人独资企业投资人的法律责任

个体户、个人独资企业在经营当中,对外必然会产生各种交易,由此也会衍生出债权债务,当对外负债时,首先会用前期的投入和积累的资金来偿还,如果还不足以清偿债务时,就会波及投资人的其他财产,这在法律上叫做无限责任。就是说,承担债务不以投资人的出资为限,当出现资不抵债的情况时,不能适用《企业破产法》,不能通过破产程序解决债务清偿问题;其原因是个体户、个人独资企业不是企业法人。这也是为什么建议采用有限责任公司的形式来降低创业风险。

（二）合伙企业投资人的法律责任

合伙企业产生的债务，由合伙财产予以清偿，如果出现资不抵债时，合伙人之间就会承担无限连带责任，也就是说，任一合伙人都有清偿全部或者部分债务的法定义务。对债权人来说，合伙企业的偿债能力更强，因为合伙人不仅要承担无限责任，还要承担连带责任。合伙企业虽然是企业，但因为不是企业法人，所以，也不能适用《企业破产法》，不能通过破产程序解决债务清偿问题。需要特别说明的是，《合伙企业法》修订时，设立了有限合伙人的制度，所以，无限连带责任只产生于普通合伙人之间，而有限合伙人只承担有限责任。

（三）公司企业投资人的法律责任

公司企业是典型的企业法人，能够独立承担民事责任。公司的投资人在公司成立后，即被称为股东。无论是有限责任公司，还是股份有限公司，股东偿还债务是以投资额为限承担责任。通俗来讲，某股东出资 5 万元，如果公司经营亏损，该股东最多亏损 5 万元，不会涉及投资人的其他财产，从这种意义上讲，投资公司是比较安全的。但是，创业不能只考虑风险和失败，有时候，风险越大，收益越大。当公司财产资不抵债时，公司可以通过破产程序来了结债务问题，公司破产，债务豁免。公司企业完全适用《企业破产法》，哪怕是一人投资设立的一人有限公司。

三、就业协议

（一）就业协议的作用

一是就业协议由学校作为见证方，有利于保护毕业生的合法权益。

二是就业协议经学校和地方就业主管部门签署意见后，具有一定的行政约束力，聘用双方不得任意违约。

三是就业协议是一种文字契约，确定了甲乙双方的聘用关系，毕业生不得另找单位，学校按协议派遣后，用人单位不得拒收毕业生。

四是就业协议毕业生实现自我保护的基本依据。一旦发生劳动纠纷，这对没有签订劳动协议的员工非常不利。

五是就业协议是学校和地方就业主管部门制订就业建议计划的基本依据，从而保证就业计划的落实和实施。

六是不签协议的毕业生，目前人事部门认为是缓派人员，不能调动档案和户口，这样势必影响毕业生工龄的计算、职称的评定、社会保险及其他社会福利。

七是不签订就业协议,不能算是国家正式派遣的毕业生。学校不能为毕业生办理派遣手续,毕业生也没有派遣报到证。报到证是高校毕业生就业的基本凭证,它和学生的学位证、毕业证,被称为是学生就业的必备"三证"。

八是毕业两年仍然不签订就业协议的毕业生,将被派回原籍参加所谓的二次分配,原则上只能在本市或本县就业。这样势必影响毕业生今后的发展。

(二)毕业生签订就业协议需注意的事项

就业协议明确三方的权利和义务,具有法律约束力,也涉及毕业生的切身利益,因而毕业生在就业签约时应注意以下几个方面,以切实维护自身在就业过程中的合法权益。

(1)认真了解和掌握国家和省、市就业政策和学校的就业规定。

(2)慎重签订就业协议。

(3)原则上,毕业生只能与一个用人单位签订就业协议。

(4)对于自己的切身利益也应在协议中予以说明。

(5)学生所在学校要审核。

(6)要注意就业协议与劳动合同的衔接。

(7)协议书签订只能填写第一页,但是每页都需盖用人单位的公章。

2020年6月17日以来,教育部启动开展2020届高校毕业生就业统计核查工作,印发《关于严格核查2020届高校毕业生就业数据的通知》等文件,要求各地各高校严格落实"四不准"规定,即不准以任何方式强迫毕业生签订就业协议和劳动合同,不准将毕业证书、学位证书、优秀毕业生证书发放与毕业生签约挂钩,不准以户档托管为由劝说毕业生签订虚假就业协议,不准将毕业生顶岗实习、见习证明材料作为就业证明材料。

因此,作为高校毕业生应秉着实事求是、客观真实的态度对待就业协议的签订工作,严禁弄虚作假,本着对学校、对自己负责的态度,严肃对待就业协议的签订工作。对于暂时没有就业的毕业生也不要着急,积极寻找合适单位、岗位,同时可以求助辅导员和学校就业指导中心帮助推荐就业岗位,或者登陆"个人就业"微信小程序筛查符合本人的求职企业岗位。

四、劳动合同

劳动合同是指劳动者与用人单位之间确立劳动关系,明确双方权利和义务的协议。订立和变更劳动合同,应当遵循平等自愿、协商一致的原则,不得违反法律、行政法规的规定。劳动合同依法订立即具有法律约束力,当事人必须履行劳动合同规定的义务。劳动合同的主体即劳动法律关系当事人:劳动者和用人单位。劳动合同的主体与其他合同关系的主体不同:其一,劳动合同的主体是由法律规定的具有特定性,不具有法律资格的公民与不具有用工权的组织不能签订劳动合同;其二,劳动合同签订后,其主体之间具有行政隶属性,劳动者必须依法服从用人单位的行政管理。具体如下:

(一) 劳动者

按照全面实行劳动合同制度的改革要求,需要签订劳动合同的对象包括:新招用的劳动者、原有的固定工以及原固定工身份的特殊人员。

(二) 用人单位

根据劳动法律、法规的规定,需要与劳动者签订劳动合同的用人单位包括:中国境内的企业法人、个体、合伙制非法人经济组织;国家机关、事业单位和社会团体;特殊类型经济组织,如租赁经营(生产)、承包经营(生产)的企业等。

(三) 约定条款

按照法律规定,用人单位与劳动者订立的劳动合同除必须具备的条款内容外,还可以协商约定其他的内容,一般简称为协商条款、约定条款或随机条款,这类约定条款的内容,是当国家法律规定不明确,或者国家尚无法律规定的情况下,用人单位与劳动者根据双方的实际情况协商约定的一些随机性的条款。劳动行政部门印制的劳动合同样本,一般都将必备条款写得很具体,同时留出一定的空白处由双方随机约定一些内容。例如,可以约定试用期、保守用人单位商业秘密的事项、用人单位内部的一些福利待遇、房屋分配或购置等内容。

随着劳动合同制的实施,人们的法律意识,合同观念会越来越强,劳动合同中的约定条款的内容会越来越多。这是改变劳动合同千篇一律,提高合同质量的一个重要途径。

(四) 合同违约

违约责任的承担方式有以下两种形式:第一种是赔偿损失的方法,即约定由违约一方赔偿给对方造成的经济损失;第二种是约定违约金,采用这种方式时应当根据职工一方承受能力的大小来约定具体金额,不要出现有损公平的情形。另外,所谓的违约,不是一般性的违约,而是指比较严重的违约,造成劳动合同无法继续履行,如职工违约离职,单位违法解除劳动者合同等。

（五）赔偿

（1）用人单位拒绝与劳动者签订劳动合同的，用人单位应当赔偿劳动者双倍工资。

（2）用人单位自用工之日起满1年不与劳动者订立书面劳动合同的，视为用人单位与劳动者已订立无固定期限劳动合同。此时用人单位不与劳动者订立无固定期限劳动合同的，应当自订立无固定期限劳动合同之日起向劳动者每月支付2倍的工资。

（3）用人单位拒绝与劳动者订立劳动合同，后将劳动者辞退的，应当赔偿劳动者经济补偿金，若属于违法辞退，则需要向劳动者支付经济赔偿金。

此外，若员工拒签劳动合同，自用工之日起1个月内，经用人单位书面通知后，员工拒绝与用人单位签订劳动合同的，用人单位可以书面通知劳动者终止劳动关系，且用人单位无需对劳动者进行任何赔偿，但是应当依法向劳动者支付其实际工作时间的劳动报酬。

（六）员工维权途径

当劳动者的合法权益遭受侵害时，应该如何维护呢？

1. 准备证明和用人单位存在事实劳动关系的证据

例如，任何工资支付凭证或记录、缴纳各项社会保险费的记录；或者有用人单位向劳动者发放的"工作证""服务证"等能够证明身份的证件；劳动者填写的用人单位招工招聘"登记表""报名表"等招用记录；考勤记录；其他劳动者的证言等都可作为认定双方存在劳动关系的证明。

2. 维权流程：双方协商→劳动仲裁→提起诉讼

劳动者可以依据法律和用人单位进行协商解决；如果协商不成，可以提供证据向劳动部门提起劳动仲裁；如果劳动者对仲裁结果不满意，可以向法院提起诉讼。起诉是最后的维权手段，如果劳动者通过前面两个方法已经能够解决问题，那么就没必要采用诉讼手段了。用人单位不和劳动者签订劳动合同属于违法行为，劳动者在没签劳动合同被辞退的情况下要学会拿起法律的武器来维护自己的合法权利。

（七）无效合同

无效劳动合同是指不符合法定生效条件的劳动合同。无效的劳动合同，从订立的时候起，就没有法律约束力。确认劳动合同部分无效的，如果不影响其余部分的效力，其余部分仍然有效。劳动合同的无效，由劳动争议仲裁委员会或者人民法院确认。引起无效的原因大体有以下几种：

(1) 合同主体不合格。如受雇一方提供了假的学历、学位、专业技术资格证书,聘用单位不具备招聘资格等。

(2) 合同内容不合法,即劳动合同有悖法律、法规及善良风俗,或是损害了国家及社会的公共利益。内容不合法的劳动合同不受法律保护。

(3) 意思表示不真实。劳动合同是双方合意的产物,应该是当事人真实的意思表示。若用人单位或劳动者采取欺诈、威胁等手段与对方签立的劳动合同,违背了一方的真实意愿,因而该合同是无效的。

(4) 合同形式不合法。这是指劳动合同没有采取书面形式、当事人也未实际履行主要义务,或者依法或应当事人要求应当鉴证的劳动合同没有鉴证等。在一般情况下,只要当事人采取补救措施,使合同形式上合法化后,就可以认定合同有效。

(八) 仲裁

我国《劳动争议调解仲裁法》第二条规定,中华人民共和国境内的用人单位与劳动者因订立、履行、变更、解除和终止劳动合同发生的争议,依法由劳动争议仲裁委员会仲裁裁决。劳动争议由劳动合同履行地或者用人单位所在地的劳动争议仲裁委员会管辖。双方当事人分别向劳动合同履行地和用人单位所在地的劳动争议仲裁委员会申请仲裁的,由劳动合同履行地的劳动争议仲裁委员会管辖。当事人对发生法律效力的调解书、裁决书,应当依照规定的期限履行。一方当事人逾期不履行的,另一方当事人可以依照民事诉讼法的有关规定向人民法院申请执行。受理申请的人民法院应当依法执行。

在劳动争议纠纷案件中,因用人单位做出开除、除名、辞退、解除劳动合同、减少劳动报酬、计算劳动者工作年限等决定而发生劳动争议的,由用人单位负举证责任。

第三节　就业创业权益法律维护

一、就业协议的签订与解除

（一）就业协议签订步骤

(1) 毕业生本人填写就业协议。
(2) 用人单位签署意见并加盖单位公章。
(3) 用人单位或毕业生本人将就业协议交至学校院系，由学校院系签署意见并加盖公章，纳入就业计划派遣。
(4) 就业协议一式四份，毕业生、用人单位各留一份，学校留两份（其中一份交至学校所在地毕业生就业主管部门）。

需要注意的是，每位毕业生只能领取一份就业协议，翻版及复印均无效，所以应妥善保管，若遇破损、丢失等情况，需有院（系）书面证明，到毕业生就业办公室申请补发。

（二）就业协议的解除步骤

(1) 与录用公司人力资源部沟通。确认办理解约的流程、风险以及办理解约手续需多长时间。
(2) 与辅导员和学校就业指导处沟通。确认申请新协议书需要的材料及新协议书下发的时间，以免耽误与新公司的签约。
(3) 向已签约公司提出解除协议申请，并按协议签订时约定内容办理解约，如需缴纳违约金，则需该公司开具相关收据或票据，以及出具书面的解约通知书或解约函。
(4) 将解约函及原就业协议交回学校就业指导处，并及时跟进新就业协议下发进度，以免耽误与新公司签约。
(5) 拿到新协议后核对个人信息及就业协议编号，如无问题应及时与新录用公司联系签约。

二、劳动合同的签订与解除

(一)劳动合同的签订

劳动合同是用人单位同劳动者依法确立劳动关系,明确双方权利和义务的协议。根据我国《劳动法》等法律、法规依法签订的劳动合同受国家法律的保护,对签订合同的双方当事人产生约束力,是处理劳动争议的直接证据和依据。

高职院校大学生与用人单位达成共识之后,本着自愿平等的原则与用人单位签订劳动合同。签订后要有契约精神,不要随意解除合同。一份正规的劳动合同需要包含用人单位的名称、住所和法定代表人或者主要负责人;劳动者的姓名、住址和居民身份证或者其他有效身份证件号码;劳动合同期限;工作内容和工作地点;工作时间和休息休假;劳动报酬;社会保险;劳动保护、劳动条件和职业危害防护;法律、法规规定应当纳入劳动合同的其他事项等9方面内容,如果这些要素不健全,劳动者有权要求用人单位补齐。

(二)合同变更

合同的变更是指在合同成立以后,尚未履行或未完全履行以前,当事人就合同的内容达成的修改和补充。我国《劳动合同法》第三十五条规定,用人单位与劳动者协商一致,可以变更劳动合同约定的内容。变更劳动合同,应当采用书面形式。其特征如下:

(1)合同的变更必须经当事人协商一致,是在原来合同的基础上达成变更协议。

(2)合同内容的变更是指合同内容的局部变化,不是合同内容的全部变更。

(3)合同变更后,原合同变更的部分依变更后的内容履行,原合同没有变更的部分依然有效,即合同的变更并没有消灭原合同关系,只是对原合同的内容进行了部分修改。

(三)合同解除

合同解除,是指合同当事人一方或者双方依照法律规定或者当事人的约定,依法解除合同效力的行为。合同一旦签约,具有国家法律保护,当事人双方都必须严格遵守,适当履行,不得擅自变更或解除。这是我国法律所规定的重要原则。只是在主客观情况发生变化使合同履行成为不必要或不可能的情况下,合同继续存在已失去积极意义,将造成不适当的结果,才允许解除合同。这不仅是解除制度存在的依据,也表明合同解除必须具备一定的条件。

合同解除有单方解除和协议解除两种。单方解除,是指解除权人行使解除权将合同解除的行为。它不必经过对方当事人的同意,只要解除权人将解除合同的意思表示直接通知对方,或经过人民法院或仲裁机构向对方主张,即可发生合同解除的效果。协议解除,是指当事人双方通过协商同意将合同解除的行为。它不以解除权的存在为必要,解除行为也不是解除权的行使。

三、就业协议与劳动合同的区别与联系

就业协议与劳动合同是用人单位聘用毕业生所订立的两种书面协议,二者分处两个相互联系的不同的阶段,并发挥不同的作用。就业协议和劳动合同的区别有:

(一) 主体不同

就业协议的主体是毕业生、用人单位和学校,其中毕业生与用人单位的主体作用不言而喻,学校作为一个主体,其作用是维护毕业生就业工作的良好秩序,保障毕业生和用人单位的合法权益,并兼有证明学生毕业信息的真实性的作用。而劳动合同是劳动者与用人单位双方在遵循平等自愿的原则下依法签订的,只有劳动者和用人单位两个主体。

(二) 依据不同

就业协议依据的是教育部颁发的部门规章,劳动合同依据的是我国《劳动法》和《合同法》。

(三) 内容差异

就业协议主要包括毕业生自身情况、就业意向、用人单位同意接收、学校派遣等内容,而在劳动合同中,必须依法明确劳动合同期限、工作内容、劳动保护和劳动条件、劳动报酬和劳动纪律、合同终止条件以及违反合同的责任等必备条款。除此之外,双方还可以协商约定其他内容,在具体涉及某项时还可以优先适用本地地方法规和规章。

(四) 签订时期不同

就业协议一般在学生毕业前签订,正式签订劳动合同只有等到毕业后方可。

（五）效力不同

就业协议只是毕业生在"择业"过程中签订的协议，其效力始于签订之日，终于毕业生与用人单位签订劳动合同之时。劳动合同的有效期是劳动者与用人单位以合同方式确定的，除法律规定的情形外，双方不得随意变更、中止。对毕业生来说，到用人单位报到后，在双方签订劳动合同之后，原就业协议随之失效。从这点来看，就业协议不能替代劳动合同。就业协议是大学生和用人单位在签订劳动合同前，双方确定就业意向和权益的依据。劳动合同是劳动者与用人单位确立劳动关系、明确双方权利和义务的协议。

四、就业过程权益伤害与维护

（一）毕业生求职过程中权益维护

对于刚刚步入社会的大学生，由于社会经验不足疏于防范，会让一些不法企业利用求职者迫切的心情去设置各种各样的门槛或者是陷阱。从一定程度上说，给就业的学生带来极大的伤害。那么在求职的过程当中遇见一些企业侵犯自己合法权益的情况，应该怎么办呢？比如一些用人单位在求职的时候变相收取费用，甚至一些单位在刊登招聘广告的时候，对于职位的描述和薪资待遇含糊不清，对用人标准不是特别的明确，更加没有严格的界限。在录用一些员工之后，对于待遇情况不给予一些非常明确的答复，同时在签订合同的时候也没有标明具体的待遇，包括试用期过长等情况。其实这些问题都会直接或者间接影响大学生的个人权益。作为正在求职的大学生们如何去解决这样问题呢？

首先，大学生在应聘之前一定要做好充足的准备，最好能够大致了解这个行业的薪资待遇等。

其次，认真学习相关的法律法规，避免合同陷阱，保护自身权益。也就是说，在与用人单位签订劳动合同时，要仔细阅读合同内容，确保自己的权益不受侵犯。

（二）高职毕业生求职过程中的注意要点

1. 端正求职心态

毕业生在求职过程中，一定要时刻保持清醒的头脑，了解和掌握就业方面的知识和政策，并严格按照程序办事，使自己的合法权益得到充分的保障而不致轻易受到侵害。

2. 掌握政策学习法律

在求职、择业、签约之前，一定要全面了解和掌握毕业生就业政策，做好相关法律法规的知识储备。只有懂得如何通过合法的途径和手段解决就业过程中出现的问题,才能最大限度地保护自己的正当权益。

3. 全面了解用人单位

毕业生享有全面、真实了解用人单位的知情权。签约前,毕业生应该尽可能多的收集用人单位的运作状况、招聘信誉、用人意图、岗位职责以及企业文化等信息。

4. 重视劳动合同

如何签订劳动合同,关系毕业生在实际就业过程中合法权益能否得到充分的保障。

(1) 及时签订。到用人单位报到后,毕业生应尽快与用人单位签订劳动合同,使双方的劳动关系能以法律的形式确认,使劳动者的合法权益能得到及时的保护。

(2) 逐条细看。对劳动合同的内容,毕业生要仔细阅读分析,权衡利弊,切忌盲目签字。对模糊词句要提出质疑,对不平等的条款要敢于指出,对不公平的合同要坚决拒签。

(3) 保存证据。签订劳动合同后,双方各执一份,作为日后享受权利、履行义务以及处理劳动争议的依据。

5. 善用维权手段

掌握合法的维权手段是解决合法权益受损最有效的途径。一旦在实际就业中合法权益受到侵犯,应该积极运用法律武器,通过申请调解、仲裁、诉讼等合法途径,维护自己的正当权益。而对于用人单位一般的违规行为或争议不大的问题,劳动者可以先与用人单位协商解决,若无法解决,可向上级主管部门申请调解或诉讼。

五、创业过程权益伤害与维护

大学生在创业过程中选择的组织形式包括个体工商户、合伙企业、个人独资企业、有限责任公司等。在创业初期,建议采用有限责任公司形式以降低创业风险。

创业过程中,如果是与供应商签订合同,要先了解对方是否具备法人资格,是否具备签订合同的权利。如果是与代理人订立合同,则应该关注代理人是否具有代理资格,是否获得委托授权。为防止因对方当事人违约而给自己造成损失,可以要求对方提供必要的担保,如支付定金,有担保、抵押证明等。

在履行合同时,要注意保留相关的证明资料。例如,往来的书面文件必须要有对方当事人确认;开具发票时,要确认对方货款是否有付清,以及要在发票上注明等。如果涉及用工,要严格按照法律规定执行。此外,还要注意知识产权方面的法律风险,不可侵犯他人的知识产权。

创业时,如果产生债务,因为组织形式的不同,最终的承担者也不同。如果是以公司的形式创业,那么就仅以公司的财产作为债务担保物。也就是说当公司财产资不抵债时,公司可以通过破产程序来解除债务问题,公司破产,债务豁免。

创业终止后,注意要按照法定程序办理注销登记手续,防止不法分子借机冒名从事一些违法活动。

案例 8-2

小张是安徽省某高职院校 2014 级五年制汽车检测与维修专业学生,求学期间经常利用寒暑假跟随亲戚做家庭水电安装工作。2018 年其父亲因病去世,沉重的家庭负担激发了他的责任心和进取心。经过考虑,他选择休学一年,外出挣钱,以偿还父亲因病所欠的债务。一年来他努力工作,不怕苦,不怕累,积极学习家庭水电安装知识,期间考取了中级电工证,很快对家庭水电安装工作十分熟悉,可以独立工作。2019 年年底,他选择了独自创业,开了一家水电安装店。他一边售卖水电安装材料,一边承接客户水电安装业务。由于工作技能熟练和较强的责任心,获得了客户的认可。满意的客户群体是他创业初期的宝贵资源,顾客之间的认可又为他提供了充足的客源。目前小张创业初期进展的很顺利,小店已经运转起来并有利润。

案例 8-3

小方,男,2013 年 9 月就读于安徽省某高职院校的五年制大专班,专业是会计电算化。其创业项目是经营某潮牌微商的鞋子、衣服、手表等。

他英俊帅气,在学校里平时喜欢拍一些短视频上传到网上,很快就吸引了大量粉丝关注,主要是一些在校大学生,粉丝数接近 2 万人。此时的他也没有创业意识,只是把拍摄和发布短视频当作一种乐趣。由于粉丝量不断增加,他开始偶尔承接微商广告,慢慢他对微商有所了解,最后涉足微商领域。创业之初,其父母表示反对,担心他学习受到影响。随着销售额的增加,他第一年的利润竟达到 10 余万元。父母感到十分的惊讶,逐渐支持他。五年来,他的店铺粉丝量达到 20 余万人,每年的利润为 20 万~30 万元。

小方利用网络平台发布短视频,短期吸引了大量的粉丝作为潜在顾客,为后期产品宣传打下坚持的基础,选择的鞋子等产品也是在校学生喜欢和需求的产品。随着粉丝量的进一步增加,客源越来越多,利润逐步提升,小方也开始招收代理,除了可观的代理费用外,稳定的粉丝数量也成为他收入的主要来源。

 案例 8-4

小王是某职业学院2019级大一学生,入学前是退伍军人,由于有军旅生活,又比同班级学生多几年社会经验,小王入学第一学期就决定创办面向青少年学生的拓展营计划。第一学期的寒假他就积极办理拓展营的相关手续,并顺利的办理了营业执照。创办之初他主要从自己的兴趣和特长考虑创办项目,但是由于前期对市场现状缺乏深入的调研和了解,拓展营创办后不久,他发现一个四线城市居然有几十家类似的拓展营。由于经验不足和宣传方式不恰当,创办之初招生十分困难,很难运作下去。2020年初由于受"新冠"疫情的影响,近半年无法开展活动,最终不得不将拓展营转让给他人进行运作。

 案例 8-5

小李是某高职院校2017级小学教育专业大三学生,由于家庭贫困,他经常做兼职,挣取学费和生活费。他做过短期的宣传员、业务员、服务员,最长的是在一家辅导班当小学生的课外辅导老师。2019年进入实习阶段的他萌生了创业的梦想,反复思考之后选择了他熟悉的培训行业。通过前期的调研他知道本地校外辅导机构不多,虽然有几家口碑不错的中小学辅导班生源充足,收入可观,但是新加入的辅导机构很难招到生源。相反,考研辅导班只有一家,他心中窃喜,认为开设这种辅导班应该不愁生源。

随后,他联系了全国几家著名的考研辅导机构,经过对比,最终选择了一家加盟费比较低还可以分期缴纳的某考研辅导机构。选择加盟该辅导机构还有一个最主要的原因是该辅导机构还免费赠送教师资格证考试、教师入编考试、大学生四六级等级考试等培训项目。

怀着对未来美好的憧憬,他激情澎湃地开始了自己的初创工作,选教室、做宣传画册、做公众号、做网站等等前期工作。正式开班后他,每天早晚到校园张贴广告,到教室发宣传广告;在学校贴吧发布招生广告;建立考研、教师入编QQ群和微信群,还通过在群里发红包的方式吸引学生加入,扩大广告效果。然而,事实上,他每天最多只能接到几个咨询电话,更别说来报名的学生了,一年之后因为没有生源,不得不关闭辅导班。

点评:目前,大学生就业形势紧张,自主创业成为很多毕业生的选择,国家也出台了很多政策予以鼓励,但是大学生社会经验不足,所以在创业前还是先就业,获得一些社会经验比较好。同时在创业之前应多学习有关法律法规,在利益受到侵犯时,学会以法律为武器,保护自己的合法权益。

 **课后习题**

1. 简答题
(1) 毕业生就业创业过程中的权益有哪些?
(2) 毕业生就业创业过程中应履行哪些义务?
(3) 就业创业权利法律保障包括哪些内容?
(4) 就业创业权益法律维护包括哪些内容?
2. 讨论
如果你在就业创业过程中遇到了伤害,你应该如何处理?

参 考 文 献

［1］夏普,等.社会问题经济学[M].北京:中国人民大学出版社,2000.
［2］斯卡皮蒂.美国社会问题[M].刘泰星,张世灏,译.北京:中国社会科学出版社,1986.
［3］斯蒂格利茨.经济学[M].高鸿,译.北京:中国人民大学出版社,1997.
［4］阳杰.大学生职业生涯规划与就业指导[M].镇江:江苏大学出版社,2013.
［5］张卿,等.大学生职业规划与创业指导[M].北京:教育科学出版社,2018.
［6］王永莲.高职学生就业指导教程[M].西安:西安交通大学出版社,2013.
［7］李家华.创业基础[M].上海:上海交通大学出版社,2017.
［8］赵光锋.创新创业教育:让大学生走在时代的前言[M].北京:中国纺织出版社,2018.
［9］储克森.职业、就业指导及创业教育[M].2版.北京:机械工业出版社,2009.
［10］杨娟,李永星.大学生就业创业指导教程[M].北京:教育科学出版社,2016.
［11］朱爱胜.大学生就业与创业导论[M].北京:高等教育出版社,2008.
［12］杜俊峰.大学生就业与创业指导[M].天津:南开大学出版社,2012.
［13］赵麟斌.大学生职业生涯规划与就业指导[M].2版.北京:北京大学出版社,2011.
［14］程如平.大学生职业发展与就业指导[M].厦门:厦门大学出版社,2009.
［15］曾杰豪.大学生就业行动手册职业发展与就业指导[M].广州:华南理工大学出版社,2012.